天下·文化
BELIEVE IN READING

捨得自己

金剛經的日常實踐

吳若權——著

目次

Part 2 無我度生

Part 3 無相布施

Part 4

無住生活

Part 5 無得而修

自序

捨，不得

以勇於割捨的智慧和勇氣，支持自己轉念與放下。

那一夜，因為出差而舊地重遊於沒有你的城市。原本是要以造訪我們都很喜歡的小吃店，作為此行的紀念，風塵僕僕趕到門口，卻看見掛出「今日臨時店休」公告。瞬間，紀念變成懸念。此刻的你，還好嗎？而店家，也好嗎？失望沒關係，不營業也無所謂，但願闊別於歲月長廊的兩端，彼此仍然各自安好。

踩著寂靜的夜色，徒步返回坐落在市區中心的住宿酒店。途經一家傳承百年的糕餅老店，瞥見老媽一定會非常喜歡的大壽桃，考量她必須控制血糖而猶豫再三。心一橫，快速轉身離開。搭電梯抵達位於十七樓的房間，誰知道壽桃的畫面竟冷不防刻印在心底，隨著電梯直升，又成了我的第二個懸念。

收拾好翌日開會要用的公務資料，洗澡更衣準備就寢。夜晚十一點多，萬籟俱寂的靜默，鋪陳於落地窗外的萬家燈火。讓我想起三十歲旅居巴黎時所住的閣樓，每晚睡前從窗口遠望，路上的街燈就像燭光，隔著想念的距離明滅閃爍。

再換一次衣褲，搭電梯下樓。懸念，隨著意識漂流。把自己帶回糕餅店門口，發現老店竟然尚未打烊，店家正為明天廟會所需而忙著備貨。我再度躊躇著是否要出手，至少買一、兩個，帶回家讓母親解解嘴饞，理智與情感繞在健康管理與享受美食間掙扎，最後顧及不該干擾店家正在深夜加班忙碌，於是作罷。

趁「不孝」尚未升起成為第三個懸念，我以漫步雲端的從容，巡禮於逐一收工的夜市，看著攤位高懸的燈泡，一盞又一盞地熄滅，猶如起伏不定的諸多念頭，隨之一個又一個地放下。原來所有大大小小的煩惱都是妄念，我們所能做的，就是任它起落。再回到房間躺著，臥床瞬間化為深遠遼闊的海洋，平靜得只剩下窗外的月亮還醒著，它和星光正在悄悄對話，沉睡於夢中的我，已經無牽無掛。

● 曾經積極地追求，而今要能甘願地割捨

只要活著，每天都會有無止境的念頭、無止境的追求。這些念頭與追求，都不是壞事。它驅策我們去思考分辨什麼是真的，去付出努力證明自己的價值。

但是，總要經歷很多大大小小的挫折失敗、無數深深淺淺的悲歡離合，我們才會真正明白：**所有念頭，並非真確；一切追求，不會長留。人生，只有變化無常是真的。唯願在擁有之後，還能夠勇於割捨，讓這份智慧和勇氣，義無反顧地陪伴自己天長地久。**

從少年到中年、從中年到熟年，是這樣一步一腳印認真地在歲月的沙灘留下足跡，再被林林總總的事件所湧起的心情，如潮來潮往抹滅，疲累的身軀穿越功過成敗的槍林彈雨，我們無數次與內心最真的自己擦肩而去，相聚又別離。

付出的努力越多，越疑惑：這一生，究竟來到這個世界，要做什麼？

於是，開始一段有別於以往的鍛鍊，**不再用加法過日子，開始以減法找自**

己。學米開朗基羅雕塑大衛，在生命的巨石中，去除多餘的部分，還原靈魂的本來面目。割捨，是銳利的刀斧，次次見骨，砍向過去的妄念，讓曾有的貪婪與恐懼塵埃落定，看見一絲不掛的自己，最後連自以為是的影像都了無痕跡。

你如何看待世界，世界就如何回應你。

唯有面對孑然一身的寂寞，看透世間種種終必成空，才能從如夢的繁華中甦醒，認清生命的真相。此刻，終於明白：那些汲汲營營對外攀附的追求，抵不過真真切切向內探索的覺察。然後發現：擁有再多的物質與情感，都比不上自己可以活得沒有愧疚、走得了無遺憾。

我從三十而立開始認真研讀《心經》，到渴望五十而知天命深入修習《金剛經》，經歷母親病老、父親離世，在讀誦抄寫中，如層層剝開洋蔥般明心見性。試著藉由經典，學習看待人生不同階段的問題，解答自己心中的疑惑。

《心經》以破除二元對立，並超越感官限制，無限寬闊的架構，帶領我從個人觀到宇宙觀，認識空無；而《金剛經》則教導眾生如何斷捨煩惱與執念，並提供實踐的方法。除了幫助我度過許多生命的難關，也讓我更進一步體認：萬物的本性皆空，隨著因緣不斷變化。越是執著於追求自己，反而越找不到真正的自己。因為**生命的真相是：無常，就是真正的日常；無我，才是終極的自我**。

●藉由「去除我執」，來戒斷煩惱

在這個高度標榜「做自己」「愛自己」的時代，或許讀誦以「無我」為究竟的《金剛經》，似乎有點不合時宜，但也可能正是時候。因為《金剛經》在亂世中提供兩種力量：既可溫柔地撫慰人心、又能堅定地支持鼓勵。佛陀苦口婆心勸說世人：**消滅煩惱的最佳策略，是去除我執。只要放下執念，就能心無罣礙**。

在當下斷捨自己的私欲和貪念，所有的痛苦與煩惱隨之消失。所謂的「無欲則剛」，並非以潔癖般銳利與強硬，出脫於眾人之上，而是因為同理而慈悲，用愛成全對方。

我在奧運轉播賽事的畫面，看到很多競爭對手，身處殘酷的比賽中，卻依然惺惺相惜。人生除了獎牌之外，還有很多珍貴的禮物等著我們去發現並分享。真正地肯定自我價值，如同在健身房的重力訓練中對待啞鈴和槓片，得先培養重重舉起的能力，才能有輕輕放下的優雅。**必須先肯定自己，放下才有意義**。**對待自己，最好的方式，竟是舉重若輕**。若沒有自信，而刻意討好別人，就猶如在討債，這不是求好，只是求饒。

有句話說：「有捨，才有得。」但真正的「捨」；並非為了「得」。或許，在「捨」的那一刻，必然會有所「得」；但「得」，絕對不是「捨」的目的。若為了有所「得」，才願意有所「捨」，就注定辜負「捨得」的意義。

擔任居家照顧者將近三十年，無論有意識或無意識，有選擇、或沒有選擇，我勢必要割捨很多自己的想望。包括：工作機會、人際關係、休閒旅遊、時間與自由……之所以能心甘情願，是因為把所有的力氣都用在解決夜以繼日迎面而來的照顧問題，沒有聚焦於個人的得失，就不會感覺犧牲和委屈。

●能「捨」所「不得」；是人生瀟灑的境界

在《金剛經》中，佛陀用許多篇幅講「布施」。而最珍貴的布施，正是割捨自己的最愛。如果我們最愛的就是自己，那就試著把自己給布施出去。

捨，得自己；最捨不得的，也是自己。

世間有很多追求，到最後是無法到手的。這些「得不到」的東西，無論是「不能得」、「不可得」、「不配得」，或是「不該得」，終究總也是要「捨」。那些無法如願的愛情、升遷、財富、名望，都將因為能「捨」去所有的「不得」而變得無足輕重。更何況，人生到最後，還是必須捨下「得不到」的自己。當我們面對一切「得」或「不得」，都能「捨」，就不會再有任何煩惱牽掛。

博大精深的《金剛經》，五千多字經文中，句句都是精闢的人生哲學，並穿插具體的實踐方法。星雲大師歸納為：無相布施、無我度生、無住生活、無得而修等四大要義，令人印象深刻。

我便以這四大重點為書寫架構，分享這幾年來自己在日常生活中實踐《金剛經》的心得，佐以親身經歷的真實故事，搭配經文中的金句，試著以拋磚引玉的線索，共同編織出佛陀智慧的錦緞，與讀者互勉。但願你也能從此得到「應無所住，而生其心」的解脫，不再執著於各式各樣的念頭，還給靈魂翱翔的自由，以自己獨特的方式，從此岸到彼岸。而抵達的那一刻，亦是全新的出發。

重重舉起；輕輕放下。人生的每一個課題，都是捨得的練習。捨得受苦，捨得享樂，捨得付出，捨得成全，捨得去愛……謹此將《捨得自己》編列為我的第一二二號出版作品。並誠摯地邀請你與我一起共讀、抄寫《金剛經》，把這部既奧妙又實用的經典，應用於如夢幻泡影的現世，在如露亦如電的虛妄中，學會轉念與放下，並願意盡己之力，讓眾生都蒙福德、皆得利益。

Part
1

斷捨煩惱

走入《金剛經》，修習獨一無二的生命課題

當佛陀遇見阿德勒

人我界限，中間隔的是虛線，不是實線。

人生，有很多煩惱。個體心理學之父阿德勒主張：**所有的煩惱，都來自人際關係**。後世有不少學者衍生阿德勒的部分觀點，鼓勵民眾勇敢做自己，即使因此被別人討厭，也不足為懼。但這究竟只是實踐自我一時的策略，或是終極目的呢？如果每個人都為了追求心中的自己，而不惜與天下為敵，這樣遺世獨立的自己，真的會感到自在快樂嗎？

我的朋友阿松，常在下班前被主管臨時交辦緊急工作，都盡心盡力加班完成。本來樂在工作，但次數多了，難免心泛嘀咕：「主管是看我單身、或個性好欺負，要不然為什麼都不叫別人做，偏偏每次都選中我。」

他讀過很多心理學相關書籍，熟悉「人我界限」「課題分離」等論述，認為自己不該因為個性老實善良，又被「單身歧視」，承擔本來不是他份內的工作。在一次會議中，他忍不住疾言厲色發難，要求公平分配工作。

主管當場應允，同事私下卻耳語甚多。他感覺世態炎涼，興起離職的念頭。帶著抱怨跳槽，雖快速轉職成功，卻不快樂。直到某天參加公司外部的研討會，聽起同業談起，才知道前主管非常看重他，原本正在規劃著要幫他升職加薪，沒想到他臨時出人意表地掛冠而去，不接受任何慰留。

百感交集之餘，他反思當初離職，是否為正確的抉擇？如果時間倒轉，會不會有另一個版本的選項？例如：明哲保身維護自己權益的同時，不急於劃清界線，而是抱持善意和主管積極溝通，試著以領導團隊的思維協助解決問題，也讓其他同事樂意協同合作。最後終能心甘情願地成全大局，放下自己的執念而釋懷，不再糾結於未盡公平的主觀感受。

這個想法比較接近《金剛經》的教導，可以徹底從人際關係的煩惱中解脫。去除因為無明的恐懼，不再侷限於「你」「我」「他」之間的差別心，就能從煩惱中豁然開朗。或許還稱不上開悟，但已經是比較明智的決定。

●放下自我的執念，才能心甘情願地為別人付出

《金剛經》是佛陀用來教化世人斷捨煩惱的經典，提醒我們：**透過時時刻刻的覺察，重新認識自我，發現腦袋裡的意識，其實是妄念與幻想。你所堅持或依賴的是非對錯，都不是真實的。唯有打破自己的慣性，並消弭人我之間的隔閡，因為完全的同理而產生無條件的慈愛，一切以「利他」為使命，才能覺醒。**

乍看之下，此番論述似乎和個體心理學之父阿德勒的倡議有所歧見，其實不然。詳讀阿德勒的講義著作，會知道個體心理學的終極目標，正是：「利他」。只不過心理學的架構，是透過療癒來修復創傷並超越自我，必須重回完好如初的

狀態，才能心甘情願對別人付出，從此肯定自己的價值與生命的意義。

而佛學的知見則是：**發心助人，是最好的修行，可以讓你來世不再輪迴於同樣的課題受苦**。追求生命價值的最高境界，是認清世間一切的本質，都是「如夢幻泡影」「如露亦如電」，所有人事物都會隨因緣不斷變化，並非獨立固定存在，進而放下自我的執念，捨得無條件為別人奉獻，卻不覺得自己有所犧牲。**當所有的付出都真正發自於心甘情願，就能超越煩惱牽掛，獲得自在解脫**。

心理學有關「人我界限」的倡議，固然可以從維護自己的角度出發，讓我們懂得避開來自別人的情緒干擾，保障自己的權益不受對方侵犯，也提醒自己不要過度涉入他人的領域，用相處上的距離來獲得彼此的自由，但若只會堅持涇渭分明的各自責任歸屬，而缺乏打從心底的同理與尊重，並自然流露慈愛之心，就很容易流於「我把自己顧好就好！」「他要如何自生自滅，都與我無關！」從此雙方的關係，就只會停留在「相敬如賓」的表面和諧。

然而，無論你多麼精通「課題分離」，學會對自己負責，不必為了顧及對方的情緒或感受，而做出違背自己心意的決定，夜深人靜冷不防冒出的內疚感，卻依然糾纏著原以為已經脫身的自己。

●區隔「你」「我」之後，用愛與慈悲才能重新創造「我們」

為什麼都已經明白「人我界限」，也做到「課題分離」，還是會覺得愧疚難安，無法自在灑脫？最關鍵的因素是：心理學的「人我界限」與「課題分離」，常常是基於內在的恐懼，而採取的自我保護措施，它可以強調彼此的尊重，卻無助於發展更深度的同理，於是也很難再精進到愛與慈悲的境界。

從「不許你踐踏、侵犯我」，到「我可以不受到你踐踏、侵犯的影響」，是一段非常遙遠的修身距離。就像孩童在課桌椅中央劃出的那一條分隔線，區分出「你」「我」之後，要如何才能重新創造彼此同心的「我們」？

《金剛經》講「無我相、無人相、無眾生相、無壽者相」。佛陀勸勉世人：

不要執著於個體之間外在的區隔，尤其是在助人利他時，必須不分彼此。人與人之間，其實並沒有真正相隔的那一條線。如果要教化大家懂得彼此尊重，那一條線也不會是實線，而是虛線。

當沒有「自我」概念時，反而是自己最強大的時候。凡事不要先把自己的利益放在最前面，榮辱得失就變得沒那麼重要，一旦沒有擔心害怕「我會被人占便宜」的煩惱牽掛，自身的力量就能倍增到無限大。面對生活重大決策，能夠放下情緒，用更高度的思維處理，就能透過利益他人，而超越恐懼，創造自己。

以無我、無人、無眾生、無壽者，修一切善法，則得阿耨多羅三藐三菩提。——《金剛經．淨心行善分第二十三》

【譯】只要以無我、無人、無眾生、無壽者等破除四相的心念，來修持明心見性的一切善法，就可以證得「無上正等正覺」。

喜歡看到別人成功

激勵自己最大的力量，來自和大家一起共好的願心。

輝達（NVIDIA）公司創辦人暨執行長黃仁勳，被稱為「ＡＩ（人工智慧）教父」。他在演講時推薦一位在通化夜市賣三十四年水果的女士，說她切工越來越好，而且「真的很好吃啦！」，並真情流露地說：「我很樂意看到她成功。」

來台期間，他還曝光為他服務多年的理髮師、並且對索取簽名的民眾來者不拒、也願意停下來與路人拍照，他俏皮地對記者說：「給別人一點快樂嘛！」

以他目前的身分地位，似乎未必需要和傳統夜市、理髮等行業刻意連結，此舉讓他在科技專業高高在上的形象之外，增加親民的亮點，似乎也很自然地預告著ＡＩ的應用，將快速普及於你我的日常生活之中。

觀察到黃仁勳這些幽默而且充滿人情味的言行，有位資深媒體人畫龍點睛地歸納出一句重點：「喜歡看到別人成功。」不只自己要成功，還要「喜歡看到別人成功」。這耐人尋味的邏輯裡，富涵厚實的內在自信，帶來廣結善緣的效益。一個「喜歡看到別人成功」的人，會讓更多人樂意幫助他成功。

現代產業都很強調「供應鏈」，是由一連串供應商和採購商，共同相連而成的團隊。從原材料的採購，到製程的中間產品，以及最終產品，再交付給用戶。在每個流程中，都是以團隊接力賽的模式，承擔各自的任務，並完成所有的功能。其中必須確保每一個零件、每一個環節、每一個組織，甚至每一個決定，都能順暢運作，並銜接良好。

從企業營運到個人成長，道理相通。**和大家一起共好的願心，是激勵自己最大的力量。在達成目標的過程中，難免會有些波折或阻撓，但只要心裡懷抱著「喜歡看到別人成功」的初心，就能夠擁有永不退轉的勇氣與堅持。**

● 功成身退：助人成功；但不居功

一旦發了大願，要怎樣才能夠不退轉呢？名列佛陀十大弟子之一，並號稱「解空（了解並領悟諸法空相）第一」的須菩提，在《金剛經》中曾兩次提出同樣的問題，第一次是在經文的第二分提出，他說：「世尊！善男子、善女人，發阿耨多羅三藐三菩提心，云何應住？云何降伏其心？」意思是，發起無上正等正覺的菩提心，要如何才能維持住，不退轉？妄心升起時，又該如何降伏，也就是要怎樣才能把自己的心緒與思維都控制妥善？

「云何應住？云何降伏其心？」這句是鳩摩羅什大師所譯的版本；另由玄奘大師的譯文中，在「云何應住？」和「云何降伏其心？」之間多了一個問句：「云何修行？」後世稱為「須菩提三問」。

針對不同版本，各家佛學研究者提出很多比較與論述。尤其「云何修行？」問的是「修行的方法」，感覺非常重要啊，似乎不該被省略或漏掉。但仔細想想，時時刻刻要把自己的心念維持正向，並且把思緒控制好，這一切的學習與努力，也都要靠踏踏實實的修行才能做到。所以，意思上也算是都提到了。

在第二分，佛陀先簡答：「應如是住，如是降伏其心。」根據佛學專家的精闢解釋，這裡「如是」的「如」意指：沒有眾生與佛分別，「是」則指：當下即是。簡簡單單一句句，涵義甚深。

接著佛陀在第三分完整回答：「佛告須菩提：諸菩薩摩訶薩應如是降伏其心！所有一切眾生之類：若卵生、若胎生、若濕生、若化生；若有色、若無色；若有想、若無想、若非有想非無想，我皆令入無餘涅槃而滅度之。如是滅度無量無數無邊眾生，實無眾生得滅度者。何以故？須菩提！若菩薩有我相、人相、眾生相、壽者相，即非菩薩。」

歸納這段開示的兩個重點：第一、佛陀雖發願要滅度眾生，包括人類和所有生物，但實際上並沒有眾生是被佛陀所滅度，而是他（它）們自己的修為。第二、滅度眾生要不分彼此、不分形式、不分對象、不分族群、不分年歲。整合為一句話，就是：**無論發心去幫助或成全多少對象，最後都要放下「我」的念頭，不居功、不自負、不戀棧，才能真正無所罣礙，活得自在。**

● 凡事盡其在我；成功未必一定要有我

我們常在成功人士身上，看到「堅持到底，永不放棄」的精神與毅力。若進一步請教：「要怎麼做，才能堅持到底，永不放棄？」答案很可能是：目標要足夠遠大，並具備無限的熱情。而《金剛經》的教導則超越目標與熱情，**要以蒼生為念、又不被此念所限。即使自己成功，也助人成功，卻要活得像沒有成功一樣**。這聽起來好像有點抽象，但再深入想想，就可以豁然明白。

無論是否成功，無論有沒有我，世界都一樣運轉。雖然我「喜歡看到別人成功」，但別人成功也不必感謝我，秉持這樣的理念，就沒有任何得失心，既不會覺得自己白花力氣，也不會記恨對方忘恩負義。多麼自在啊。

凡事盡其在我；成功未必一定要有我！從「有我」到「無我」，這就是《金剛經》整部經典的奧妙，也是世人斷捨煩惱的秘訣。針對世俗的成功，每個人各有不同定義。有一句話說：「你怎麼看待別人的成功，就十足反映你內心是個怎樣的人。」可能會覺得他運氣好、或努力夠。直到自己成為可以無條件幫助別人成功的人，終於才看懂人生——唯有清淨沒有煩惱的心境，可以超越所有的成功。

善男子、善女人，發阿耨多羅三藐三菩提心，云何應住？云何降伏其心？——《金剛經．善現啟請分第二》

【譯】諸位善男信女，已經發起無上正等正覺的菩提心，要怎樣才能使菩提心安住不退轉呢？如果起了雜念，又該如何降伏妄心呢？

真菩薩與假道學

跳脫形象與聲音刻板印象，才能看見真正的實相。

在靈性學習的路上，每個人可能都有機會碰到幾位大師。要如何分辨：哪一位具備邁向開悟的智慧、哪一位是偽裝「成道者」的模樣欺世盜名？

身處詐騙盛行的現代社會，ＡＩ技術已經能夠做到以假亂真，難以辨識。因此破解假面的方法，必須有別於過去純粹觀察表象，而是以更深度的心靈感應，反思自己的所求所願，是否發乎真誠，不是只拘泥於外在言行的形式，才能看見自己的本來面目，獲得真正的智慧。

幾年前，好友大熊自行創業，一開始順風順水，業績飛黃騰達，組織瞬間擴編數倍。他沒有因此志得意滿，反而在帶領團隊的過程中，發現自己心有餘而力不足，夜深人靜時，倍感空虛。客戶引薦他，加入一處規模盛大的民間道場，跟隨大師修行。他在百忙中，每週抽出一個晚上與其他信眾共修。

他持續參與幾個月後，熱心約我同行。我好不容易撥空前往聽講，卻整個晚上如坐針氈。因為大師開口講解經文前，都先把各大知名宗教團體的法師們訓斥一遍，認為別人的經文講解錯誤百出，只有他的觀點才是真知灼見。

我還發現：大熊在自家公司的員工面前，顯得霸氣十足；來此道場卻因為對大師百般折服，而表現出非常卑微靦腆的樣子。他向大師行禮如儀地跪拜，並且每次都大筆捐款，毫不手軟，與平日簡約節儉的作風大相逕庭。

光是這點，幾位和大熊私交甚好的友人，都認為他著了魔。加上這位大師的私下言行頗受爭議，很多曾加入道場又離去的信眾指證歷歷，說他未曾正式出家，卻刻意在講課時，理光頭、穿袈裟，魚目混珠，無異詐騙。其中有幾位朋友，很為大熊擔憂，希望我可以幫忙勸阻。

我心中雖有定見，卻也十分了然。一旦加進這種類似邪教的組織，並被深入洗腦之後，是很難被勸醒的。與其執意對他進行逆耳忠言的勸說，不如耐心陪伴與觀察，看他後續發展如何，再適時交換不同意見。

●衡情論理，要把「人」與「事」分開

大熊參與該組織的活動兩年多，某天如夢醒來，主動離開道場。他發現那位大師的言論，並不完全符合佛學的教導。朋友之間，再度議論紛紛。

沉寂許久後，他主動約我談及此事，有些惆悵唏噓。我很慶幸，他是在事過境遷後才掏心掏肺地說出感慨；若是早些年，我的心性還不夠成熟，恐怕只會同仇敵愾陪他議論那位大師，圖一時的爽快，卻徒增他的悔恨。

經歷過人生很多起伏，我已經學會：**要把「表面的為人」、與「事實的真理」分開，才能透過完整的觀察，獲得真正的智慧。**

或許那位大師確實曾為自身利益而欺世盜名，但如果學員曾經在課堂中獲得一字或一句的領悟，無論是正向的引導、或負面的警惕，所有付出的代價都有成長的意義。從這個角度與大熊互勉，說的是實情，也留住他的尊嚴。

當然這個邏輯，也不完全適用於所有個案，有些人一旦受騙就破財失身，導致傾家蕩產或終生憂鬱，深刻而慘痛的經驗，幾乎很難平復。

民間存在許多以靈異手法，號稱可以替人消災解厄的組織，若沒有刻意使用騙術糊弄恐嚇，並且能為當事人帶來某種程度的心靈療癒，或許還無可厚非。比較值得留意的是，有些人未必擁有乩身，卻為了詐財騙身而故意裝神弄鬼，說自己是某某天神轉世或附身，藉由偽裝神靈的外形或聲音，以取信內心正值徬徨憂慮的人，趁虛而入地騙得錢財或美色，就極不可取了。

那，該如何辨識呢？通常自稱是某某神靈附身或轉世的人，以妖言惑眾，是騙子居多。**再怎麼有靈通的人，頂多就是一個轉譯資訊的媒介，而不是直接等於神靈**。頂多自稱為「靈媒」，而非「我就是某某大神」的化身。

●真確地修持正法，比表現恭敬的樣子、說出懇切的語言更重要

除了更仔細地觀察對方之外，還要學會回來反省自己的心念。《金剛經》有一句經文：「若以色見我，以音聲求我，是人行邪道，不能見如來。」這是非常知名的「四句偈」之一。**以佛陀的身相都是虛妄不真實的，來勸勉世人遠離外在的刻板印象，不執著於相貌與形狀。**

依據這個教誨，我們要反求諸己，如果只是在佛前表現出恭敬的樣子，以懇切的文字或語音祈求庇佑，但並沒有修持正法，就無法真正證見如來真實的法相，更何況是領悟人生的智慧了。

以上：「若以色見我，以音聲求我，是人行邪道，不能見如來。」是鳩摩羅什大師的譯本；玄奘大師所翻譯的《金剛經》接著加補另一組「四句偈」：「應觀佛法性，即導師法身，法性非所識，故彼不能了。」意思是說，佛法真實的本質，不是語言文字所能完全描述，也無法用意識去參透，必須超越感官與邏

輯，才能體悟。對佛學研究十分深入的張宏實老師勉勵讀者：對佛陀「法性的體悟」，應更重於「外相的追求」。

真菩薩與假道學的關鍵分野，除了辨識對方表面上的虛實真偽，還要反思自己內在的心念與日常的修持。努力奉行正法，並且去除妄想貪念，不但可以避免被詐騙，也能在體悟實相中，安頓自己的身心。

若以色見我，以音聲求我，是人行邪道，不能見如來。——《金剛經．法身非相分第二十六》

【譯】如果有人只以形色外表見我，或只以聲音求我，這個人就是受限於色身四相，等於是捨去正途，走了外道，絕對無法證見如來真實的法相。

為善，何不讓人知？

內心自在，就不需要、也不介意敲鑼打鼓做善事。

在我所成長的年代，風氣比較保守，多數人都奉行「為善不欲人知」的原則，默默付出，低調行善，不會多加張揚。相對於現代網紅開放的態度，直接把捐款收據貼在社群媒體公告周知，作風截然不同。

究竟，敲鑼打鼓做善事，有什麼問題嗎？或其實他們也起了帶頭作用，在眾多粉絲面前示範行善的風氣呢？

這些問題未必有標準答案，但若反思行善的目的以及張揚的動機之後，能放下自己心裡的罣礙，也不糾結於其他人的評價，願意繼續無條件地為別人付出，那麼張不張揚，也就無關緊要了。

韻雙離開需要朝九晚五工作的職場後，搖身一變成為非常擅長操作團購的網紅，三不五時便把她從業績中提撥作為善款的捐助收據，張貼在網路社群平台。她的粉絲們也跟著拿香膜拜，有的讚嘆她的愛心，有的跟隨她去捐款，整個團購網頁閃亮愛心光芒。

前男友小傑分手後還保持聯繫，在工作上給她很多有幫助的建議。有一天居然發訊息奉勸她：「做善事不用那麼高調。更何況有人會認為，妳根本是利用捐款，在為自己衝業績。」

本來她一直以為兩人雖情滅緣盡，依然可以做成好朋友，但收到這則訊息，讓她想直接翻臉封鎖對方。

週末來到小酒吧，向閨密巧芸訴苦，酒酣耳熱之際，巧芸問韻雙：「前男友的話，刺激到妳的哪條神經？是因為他說的不是事實，所以覺得他不夠了解妳；或是他點出了妳心中不想面對的矛盾？」

不愧是多年閨密，一次講中兩個要害。韻雙覺得：「搭著商業便車做點善事，有何不可?為什麼小傑要把事情說得那麼難堪？」另一方面她也疑惑著自己：「是真心想做公益、或只是用公益包裝商業而已？」

●做善事，不要帶著任何條件與目的

巧芸聽到這裡，想起之前曾經參加靈修課程，聽到老師講解《金剛經》，印象中記得老師曾說：「布施，原本是好事，也是很重要的修行方式，但如果是為了追求自身利益而做善事，原本應得的福德就瞬間化為烏有。」

但正因為兩人是閨密，巧芸擔心若把這番話和盤托出，會不會對韻雙而言是雪上加霜，讓她的心情更糟糕?有這層顧慮，巧芸就此把話題打住，安慰韻雙：「妳就安心繼續做善事，不要想太多。」

幾天後，巧芸把韻霜的狀況拿來問我，想聽聽看我對《金剛經》內文講到的布施，是否有不同的見解。我真心讚嘆她冰雪聰明的智慧：「妳說得太好了！安心繼續做善事，不要想太多。真的啊，做善事就做善事，不要想太多。」巧芸本來還以為我刻意講好話要讓她釋懷；但其實我字字句句發自真心。

《金剛經》提到：「菩薩應如是布施，不住於相。」還有「若菩薩不住相布施，其福德不可思量。」勸勉眾生幫助他人時，不要著於外相。簡單扼要地解釋，就是這三個「不」：

不要刻意有布施的心、不特別去在意付出了什麼、也不區分接受幫助的對象需要具備怎樣的條件。

在對別人付出時，以「布施三不」的心態去行善，最重要的意義，是要消除「我執」。雖然這樣做可以獲得不可思量的福德，但既然連「我」都不在乎了，怎麼還有可能去計較「有沒有福德」呢？

擁有不可思量的福德，但又不在乎是否有福德，兩相對比之下，更能凸顯《金剛經》講究「空無」的核心要義。

● 行善付出，不分對象，也不必拘泥於形式

有些團購型網紅，配合商業行為來做公益捐助，並且把詳細條列金額的收據，都公布在社群平台上，可能是有考慮到要將好幾個目的結合在一起。例如：以公益包裝商業，博取粉絲好感；確實想做善事，趁機一舉兩得；證明自己信用，沒有欺騙大眾；發揮自身影響力，號召更多人投入公益等。

無論目的是什麼、做法如何，值得考慮的是：最原始的動機，是否為了自利？**只要心中有想到「我」，包括：意圖得到更好的名聲、更多的業績、更多的粉絲，最後都很容易更加強化「我執」，而這就是煩惱的根源**。

敲鑼打鼓做善事，若是心存彰顯自己的私欲，就會因為「我執」而徒增煩惱。唯一的例外是：完全沒有想到自己要得到什麼好處，只是透過演示行善的過程，讓大眾有所學習效法，藉此傳遞愛心、擴展力量。不求名利，不計得失，即使被誤解誹謗，也不以為意。這樣的心態，就和「無我」的概念，沒有背離。

古有明訓：「為善不欲人知！」若以《金剛經》的觀點來看待現代人做善事，我覺得可以是：「為善不『逾』人知！」**當一個人做好事，不會逾越界限，無論別人知不知道，都能夠毫無私心與罣礙地行善，就會覺得很自在**。當自己不需要敲鑼打鼓做善事，也不介意別人敲鑼打鼓做善事，此刻任何形式的付出都不要緊，任何顧慮也都是多餘。

菩薩應如是布施，不住於相。——《金剛經．妙行無助分第四》

【譯】菩薩修行布施，不執著於表面的形式。

堅持主觀，就看不到真相

習慣從外表論斷別人，不只蒙蔽自己的眼、也關掉了心。

初夏晚間，我受邀去一家知名企業的豪華展示間，以進行線上直播的方式，透過網路對消費者推薦剛上市的日用品。

行前會議，負責活動企劃的同仁，很貼心地提醒服裝上的建議：「不用太正式，只要半正式休閒（Smart Casual）即可。」意思就是不必全套的正式西服，但也不要過度輕便得像居家日常。於是我決定穿合身的九分褲，搭白球鞋；上半身是與西裝同色系的圓領T-shirt，加休閒式的西裝外套。

企業大樓位於市區商辦與住家混合的地段，夜間不若白天車水馬龍、喧鬧嘈雜，辦公室外面顯得安靜幽暗，對照著室內布置直播燈具的輝煌燦爛。

抵達現場，我看到門口安靜角落矮凳上，坐著一位中等身材的阿伯，頭髮灰白，上身穿一件前面開有短襟的傳統白色汗衫，腳底踩著拖鞋，一時之間難以分辨：他是附近社區的居民出來乘涼、或是公司相關的工作人員？四目交接的那一剎那，我出自本能地自然微笑點頭打個招呼，對方給出含蓄內斂的回應。

我進到直播間，快速轉換為工作模式，按照腳本進行直播，過程非常順利，熱賣半小時，業績就已經達標。一小時的直播結束，整個團隊流露歡樂的氣氛，正當同事歡喜地送我離開，走到門口之際，矮凳上的阿伯居然還在。此時，工作人員才正式向我介紹：「若權哥，這是我們董事長。」我很慶幸，爸媽從小就教我，不論遇到誰都要禮貌友善相待。否則，就大大失禮了。

俗話說：「人不可貌相；海水不可斗量。」**輕易從外表論斷別人，的確常受限於自己的閱歷不足或修養不夠而失準**。但無論你多麼深刻奉行這則古訓，它還是侷限於外在形貌的判斷，頂多就是避免誤讀對方，因此產生歧視而已。

習慣從外表論斷別人，不只蒙蔽自己的眼、也關掉了心。因為會讓我們誤判的並不只是外在形貌，還包括很多內在的思維與感受。**如果我們對人與事，可以不要一直固守於既定的想法與觀點，就比較有機會看到真正的實相。**

●「照顧者」同時也是「被照顧者」

照顧媽媽將近三十年，我對「母親」的印象與觀感，依照不同的階段，有很大的變化。大約在照顧的前幾年，就發現一個很殘酷的事實：「母親像月亮一樣，但初一十五不一樣。」

自從分享過這個觀點後，一直不斷被引用至今，可見這句話說中很多人的心情。我小學時就聽過這首歌：「母親像月亮一樣，照耀我家門窗，聖潔多慈祥，發出愛的光芒。」長大後漸漸知道，每個母親都有不同的脾氣，在生活中有各種情緒，如同月有陰晴圓缺，時時呈現不同的面貌。

媽媽中風又罹癌，深受病痛折磨；加上老化而影響她對事物的認知與理解能力。很多時候，她情緒的表達方式和我所預期的有很大的差距。常常前一刻還談笑風生，下一刻要催促她吃藥、或勉強她復健，就突然翻臉，甚至惡言相向。

像她這樣資深的糖尿病患者，自然需要比較嚴格的飲食控制，意見不合的時候，偶爾也會在餐桌上演出摔碗擲筷的劇情。不要說外人絕對很難想像，平日溫和善良的她，竟然有如此固執火爆的一面，連我都十分吃驚，甚至也曾應變不及而手足無措，彼此情緒都失控。

當我身心俱疲的時候，會懷疑地問自己：「她還是我從前那個慈愛的母親嗎？」答案當然「是」，也當然「不是」。

這輩子，母子關係永遠不會改變，彼此相愛的本質依然存在。無論她生病時再怎麼虛弱，在家時會問我：「有吃飽嗎？」看我要外出工作就會叮嚀：「有帶鑰匙嗎？」這些嘮嘮叨叨、瑣瑣碎碎，都是愛啊。

在累積長達將近三十年的照顧經驗後，我領悟到自己是個「照顧者」，同時也是個「被照顧者」。無疑地，我們各自都不斷地改變中，她不是昨日的她，我也不是昨日的我，根本不該期待或要求，她永遠要符合我的想像。

我漸漸明白：**只要不執著於自己的看法，就有機會看到真實的全貌**。從孩童到熟男，即將步入銀髮，我在挫折、失望、痛苦中，逐步調整我對自己媽媽、以及天下母親的看法與見解，而我的媽媽、和天下的母親也終於有機會以更多元的面貌與思想顯現，包括：既溫柔又強悍、既軟弱又勇敢。**當彼此不看對方缺點，各自就都完美了。這不是盲目，而是智慧。**

凡所有相，皆是虛妄，若見諸相非相，即見如來。——《金剛經．如理實見分第五》

【譯】世間所有的外貌，都是虛妄不實的。如果能識破所有表相都是虛妄，就可以證見如來真實的法相。

習慣從外表論斷別人，
不只蒙蔽自己的眼、也關掉了心。

鍛鍊提起的能力，才有放下的勇氣

具備承擔的意願和能力，就能放下，而不放棄。

總共只有兩百六十個字的《心經》，用二十一個「無」字，闡述人生一切全是虛幻妄想；長約五千多字的《金剛經》，幾乎極少出現「空」字，後人覺得它把空性的本質闡述得十分深刻徹底，引領讀者了悟世間所有都並非真實存在。

《心經》和《金剛經》，這兩部經典的篇幅與架構不同，均屬大乘佛教的核心教義，都強調「空」的概念，認為：一**切現象皆無自性，無法獨立存在。所有離開這個真理的思維，全是妄念。藉此去除我執，斬斷煩惱**。

俗話說：「世間種種，終必成空。」這只是凡人如你我的感觸，真相其實是：「世間種種，本來就是空的啊。」大多數人追求的名利，從頭到尾都不是真實的存在。讀到這個論點，若沒有經過踏實而深入的學習與領會，很可能誤以為佛學是非常消極的，有些人還會因此懷疑地質問：「既然一切都是空，何必還要有所作為呢？」「難道，大家這輩子出生來到地球，都只是白忙一場？」

這的確是許多民眾誤解。所謂的「積極」與「消極」，並非絕對、獨立的存在，不是以「非黑即白」的二分法，所能片面論斷。

曾有學者以開車作為比喻。駕駛要讓汽車行進或加速，必須踩踏「加油」踏板；要讓汽車減速或停止，就必須以「剎車」來控制。從表面上以速度的觀點看來，你可以說「加油」是積極的，「剎車」是消極的。但實際上，並不是永遠都可以如此解釋。

在遭遇危急狀況，或千鈞一髮的時刻，「剎車」就是非常積極的作為；而且唯有「剎車」，才能確保人車的安全。

再拿健康養生為例，重視飲食和規律運動，是「積極」的，莫要等到罹患疾病再來吃藥、復健。但是，對於像我媽媽這樣中風而且罹癌的高齡長輩來說，她願意按時吃藥、定期復健，就是非常積極的行為。

● 把握當下，積極作為；結果如何，不必執著

佛法並非教人：完全不作為；而是有所為、有所不為。並且，在盡力作為之後，就要像無所作為那樣寬心自在。最簡單易懂的道理就是：**把握每一個當下，積極盡力去做；對於之後的結果如何，就不必在意、不用執著**。

但世間大多數的人，是反其道而行的。既沒有把握每一個當下，積極盡力去做；錯過積極努力的過程，對不如己意的結果非常遺憾、難過。

還有另一種人，認為自己已經把握過程中的每個當下，卻沒有達到令自己滿意的成果，那種過度努力的遺憾、難過，又千百倍於不夠努力的人。

其實一個人努力的程度，很難用絕對的標準去論斷，唯有靠自己去覺察體

會；當事成定局之後，無論是否已經用盡全力、結果是否能如所願，都不必在意、也不用執著。這些反應都無濟於事，徒增煩惱；必須學會放下，才能解脫。

回想起父親去世之前，短暫臥病的時光，深刻的印象，仍歷歷在目。當時他已經八十歲，本來身體十分硬朗，突然覺得心臟不適送醫，住院四個月就因為多重器官衰竭而撒手人寰。

那段期間，我除了在醫院照顧他、還要忙於照顧中風的母親、並繼續工作維持家計，勞心勞力地往返奔波，猶如蠟燭「三」頭燒。一位知己好友很心疼地問我：「你怎麼能這樣撐下去？」當時的我，因為沒有其他可以逃避的選項，所以幾乎沒有猶豫地回答：「我不想要有遺憾。」

身為家庭照顧者，持續將近三十年沒有功勞、只有疲勞的日子，之所以能這樣日復一日地堅持著、努力著，大概也都是靠「我不想要有遺憾」這個信念支撐自己。

但，真的能夠沒有遺憾嗎？

●「放下」是斷捨煩惱；「放棄」是不肯盡力

父親離開以後，二十幾年來，我才知道：無論多麼盡心盡力，甚至超過自己能付出的極限，都還是會有遺憾。夜深人靜時，總會浮現：「那時候，我如果再……一點，會不會結果就不一樣？」

從自責到自虐，是人生中一部過站不停的直達車，日夜往返，周而復始。以為盡心盡力就可以不會有遺憾，但後來發現不論怎麼做，都仍然會有很大的遺憾。這個遺憾，始終對無法放下的人，進行情緒的鞭打。

放下，很難啊！對曾經努力過的人來說，「放下」最難的癥結是，當事人還不想「放棄」啊。無論結果如何，都希望可以回到過去挽救或彌補。

顯而易見，希望回到過去，這就是妄念。佛法真正教導的是：**我們要學會「放下」，而不是「放棄」。「放下」是斷捨煩惱牽掛，這是需要經過鍛鍊之後，才能做到的；「放棄」則是直接拋開責任與期待，置之不理，而後完全躺平。**

「曾盡力的遺憾」，與「未曾盡力的遺憾」，兩者並不相同。前者的痛苦，來自深刻的愛；後者的痛苦、或不痛苦，都來自於逃避不想面對的心態。

即使「世間種種，本然是空」。當你坦然面對無常的人生，勇於修習自己的課題，終將明白：**讓自己擁有提起的能力，再來說放下才有意義。**如果承擔的意願與能力都不具足，放下只是從一開始就躺平而已。這是放棄，不是放下。

註：許多學者提到《金剛經》內文沒有出現一個「空」字，指的是「空性」的「空」。雖然在《金剛經》內文第四分出現「虛空」，但這個「空」指的是宇宙空間；第十六分出現「空過」，但這個「空」指的是遺落漏失。此「空」非彼「空」，謹此說明。

知我說法如筏喻者，法尚應捨，何況非法。——《金剛經．正信希有分第六》

【譯】要知道我所說的一切法，就像以船筏為比喻，當證得涅槃，渡人過河到彼岸，就不再需要船筏。連正法都要捨去；更遑論是那些不符合佛法的言論了。

反璞歸真，未必真

藉由割捨最心愛的東西，練習去除自我的執念。

港星周潤發熟年後平易近人的作風，成為媒體鎂光燈的另類亮點。他在日常生活中鮮少購買名牌衣物，還經常穿拖鞋搭地鐵吃美食，香港影迷因此在社群平台，成立一個「捕獲野生發哥」粉絲團，自由張貼在生活場景中偶遇周潤發的側拍照片或合影，由此可知周潤發的親民特質，有多麼受到歡迎。

民眾最常聚焦討論的兩個重點，分別是：

一、他經常到郊外登山健行，無論衣著或言談，都毫無明星的架子，即使民眾爭相合影、索取簽名，只要在情理範圍之內，他都來者不拒；

二、他裸捐出身家高達五十六億港幣（約台幣兩百一十五億元）做公益，卻在媒體面前談笑風生地說：「不是我要捐，是我老婆決定的，我也不想捐，都是我辛苦賺的錢。」周潤發現任妻子陳薈蓮，就是他的經紀人。

周潤發隨即補充說：「自己只領零用錢生活，每天只吃兩碗飯就夠了。」「老實說我不清楚確切的捐款數字，反正人來到世上時什麼都沒帶來，走的時候沒帶走任何東西也沒關係。」

或許他裸捐的金額，並非世界之冠，但謙虛幽默、瀟灑豁達的態度，確實令大家非常印象深刻。這位尚未真正退休的亞洲巨星，在暫別銀幕、洗淨鉛華後已經過著繁華落盡般反璞歸真的生活。他人生曾有的風光與曲折不可細數，粉絲給他的掌聲回響於坦然微笑面對老後餘生的態度，不絕於耳。

在繁華落盡後，能反璞歸真，安於平凡的人生，是非常不容易的事情。更何況有些時候，反璞歸真，未必是真。

有時候，是個人習氣太重，在樸實的生活中，依然難免驕縱；有時候，是因為洗淨鉛華不是出於自願，所以容易露出心有未甘的神情；有時候，是心有罣礙，無法真正把舞台讓出來，稍有機會發表高論就顯得老氣橫秋。

● 唯有徹底去除執念，才能通達真正的無我

以上隨手拈來的幾個障礙，都是因為心中還有一個曾經風光亮麗的「我」。就算已經決心斷捨一切有形無形的財物、職位、聲名，卻就是離不開那個自以為了不起的「我」，所以功虧一簣。表示依然還陷在「無明」裡，也就是因為缺乏智慧，而無法從煩惱中解脫。

整部《金剛經》的終極意義，就是要引導民眾「去我執」。**藉由消除自己的執念，達到「無我」的境界。而過程中的「布施」，能夠捨下自己最心愛的東西，提供給真正需要的人，就是非常有效的修行與練習。**

繁華落盡，反璞歸真。正因為曾經擁有「繁華」，而且願意主動讓自己處於

「落盡」的情狀，回歸璞真就顯得珍貴。這和一個人沒有任何經歷的空白單純，意義與境界都大不相同。

所以，只要活著的每一天，都要去經歷、去創造、去體驗、去付出，到了可以覺察並放下執念的那一刻，才能體驗真正「空無」。而不是讓自己空手來、空手去，從頭到尾白活一場，這樣就根本沒有機會體驗真正的割捨與放下，這輩子僅是「虛度」，並非活出「空無」。因為《金剛經》裡的「空無」，是指看透世事變化的本質而不執著，絕對不是一生無所事事啊。

若菩薩通達無我法者，如來說名真是菩薩。——《金剛經．究竟無我分第十七》

【譯】如果菩薩能完全澈悟「諸法無我」的真理，如來就說他是真正的菩薩。

Part
2

無我度生

重新認識自己，並處理人際關係

鑰匙在自己手裡

自性自度，心靈的成長只能靠自己。

從事以靈性諮詢助人的工作已經很多年，累積為數不少的個案，每次和這些個案的當事人見面的時候，他們最常說的一句話是：「若權老師，謝謝你，讓我改變了人生。」

這時候，我都會毫不猶豫地立刻回答對方：「你的好意，我領受了。其實，你最該感謝的人，是你自己。」這並非客套話、或自謙之詞，而是千真萬確的。

深陷痛苦深淵時，覺察到必須做出改變，並且付諸實際行動去扭轉命運，完全都是靠自己啊。

相對之下，有更多的人的選擇是：直接在低谷躺平！他們除了怨天尤人以外，並沒有做出任何正確的努力，所以也就很難發生改變。於是長期停滯在不滿意的狀態，甚至習慣這個被自己營造出來的情境，我把它稱之為「痛苦的舒適圈」——雖然痛苦，但因為習慣而感覺舒適，就更難有改變的動力。

所以，翻身之後，除了謝天謝地、感謝別人之外，一定要感謝自己。

幾年前，仙蒂專程從南部北上，找我做個人一對一的靈性諮詢。當時她正逢老公背叛婚姻，心理上還在掙扎究竟要不要原諒對方，他竟已經選擇離異去跟小三在一起。加上她對法律不熟悉，糊里糊塗地簽下「離婚協議書」，不僅贍養費分文未取，唯一的兒子還被前夫帶走。

萬念俱灰的她罹患憂鬱症，更因為精神不濟影響工作表現。定期看精神科門診，按時服藥，拖了半年多，最後還被公司裁員。

仙蒂幾次都想走上絕路，了斷生命，偶然間看到我在YouTube平台「吳若權幸福書房」的說書影片，她決定來找我進行改變人生的計畫。

●面對所有的遭遇或改變，自己都要負全部的責任

雖然擁有中國和英國心理諮詢的證照，但在台灣做靈性諮詢，我覺得最有效的工具是美國的潛意識探索訓練，這套系統的理論是：直接穿過意識層面去改寫根本的信念程式。這種做法可以幫助個案，清除潛意識的雜訊，更明白自己真正要的是什麼，進而採取有效的行動。

由於仙蒂想要改變自己的決心非常強烈，經過幾次的靈性諮詢，就找到根深柢固於潛意識裡「感覺不被愛」的錯誤信念，再配合表達與溝通的技巧，積極認真地學習，以自己都意想不到的速度，彷彿脫胎換骨般新生。

她重返職場從事業務工作，並和前夫理性溝通探視兒子的時間與方式，即使前夫和那個從小三被扶正為新婚妻子的女人，常在對話中使用酸言酸語，她都能以四兩撥千斤的方式平靜以對。連前夫都發現她大幅改變：「妳變很多。」她笑說：「說起來，我要感謝你，但現在我知道我最要感謝的人，應該是自己。」

我取得來自美國的潛意識探索訓練的證照，深知這套系統強調一切改變的發生，都要以個案本身為主體，唯有當事人才能成功改寫自己潛意識的信念。因此對施作潛意識探索的指導者，既不稱為「導師」、也不稱為「師父」、「教練」，而是稱為「協作員」（facilitator），有些文獻翻譯為「輔導員」或「促成者」，無論翻譯為何，總之就是要以求助的這一方，作為改變成功的主要關鍵。

根據維基百科的解釋，「facilitator」（協作員）意思是：幫助一群人可以合作得更好、理解他們的共同目標，並計劃如何實現這些目標。我將這個解釋，應用於心靈諮詢，對「facilitator」的理解，即是一切以客為尊，「協作員」絕不主導，也不居功。若再深層地去體會，對個案當事人來說更重要的意義是：

改變，最關鍵的鑰匙是掌握在自己手上。正因為鑰匙在自己手裡，所以沒有人可以剝奪你決心要讓自己變得更好的權利。別人都只是促成你改變的媒介而已，若要成功翻轉人生，唯有靠自己。

●所有的學習成長，都不能依賴別人，要靠自己

《金剛經》有一句經文：「如來說有我者，即非有我，而凡夫之人，以為有我。」應用於生活層面的大意是說：佛陀雖然以「我」來自稱，但其實並沒有真正「我」的存在。一般人都執著於有「我」，以為只有「我」能度化他們。

整部《金剛經》抽絲剝繭談的就是「無我」的概念，如果佛把度化眾生的功勞都攬在「我」自己身上，不就背道而馳了。

這正是佛學中「自性自度」的意思。眾生要自己度化自己，不需要、也不能夠依賴別人來度化你。佛陀勸勉我們：**修行的一切都要靠自己，並非要你跟指導者搶功勞、忘恩負義，而是在感恩別人的協助與成全中，對自己的改變，負起全部的責任。**

我的母親曾罹患多重器官惡性腫瘤，經過兩年的治療後被宣告痊癒。年邁而且行動不便的她，仍深受慢性病所苦，難免情緒不好，常在家裡對我發脾氣；但

每逢外人來訪，她都會說：「我要謝謝兒子，他花很多錢幫我撿回這條命來。」聽得我這個久病床前的照顧者感動涕零。

但我每次都立刻回話：「一切都歸功於母親自己強大的生命力。」這是百分百的真心話。因為在醫院中，類似的症狀都用同樣的療程，而母親是極少數能夠痊癒的個案，所以關鍵真的是自己啊。

汝等勿謂如來作是念：我當度眾生。須菩提！莫作是念！何以故？實無有眾生如來度者。——《金剛經．化無所化分第二十五》

【譯】你們所有弟子，不要以為我（如來）會有「我當度化眾生」這樣的想法。須菩提！不要有這種念頭。為什麼呢？因為眾生的般若智慧，原本各自具足。實在沒有眾生是被我（如來）所度化的。

不要相信念頭，它不是真的

所有的煩惱都來自妄念，斷滅頭腦的幻想就能解脫。

母親中風近三十年來，幾乎大部分的時間，都在努力學習與病痛共處。我長期照護她，明顯發現：一個人身體的病痛，和情緒緊密相連。有一句話說：「萬病都從情緒起。」十分切中要害。

我從小就發現她很容易為小事操煩，甚至無中生有，還能無限串聯。尤其年紀越大、病痛越多，就越沒有安全感。即使與她無關的日常小事，都要打破砂鍋問到底，然後開始聯想出很多近乎杞人憂天的煩惱，常讓我哭笑不得。

這哭笑不得的反應，來自我和媽媽都一起學習佛法，各自修行的初步成果。

在此之前，可能是很火爆的大吵一架。但……明明都是無關緊要的小事啊。例如：我正在廚房忙著備餐，手機突然響起，沒空接聽。她就會問：「是誰打來？你怎麼不接？會不會是你姊姊要拿東西過來？如果沒趕快回電給她，萬一她跑來，我們要去復健，沒人在家怎麼辦？唉，馬上要下雷陣雨了……」

從前我可能會暴怒，覺得她太閒才會沒事找麻煩：「好了，您不要再唸了。您知道我壓力很大嗎？我在趕時間做飯啊。」但經過無數次爭吵，我很明白這樣的回應，不僅無濟於事，吵到兩人元氣大傷，最後我還是要低聲下氣道歉和解，以免讓她病情惡化，增加就醫次數，我豈不就是在為自己找更大的麻煩。

自從研習佛法，也讀過上百本探討靈性的書籍，我漸漸知道：**不要在第一時間相信自己的念頭**。「我，可能錯了。」她或許不是沒事找麻煩，只是個性多慮而已。我只要把事實告訴她：「那只是一通沒有顯示號碼的陌生電話，而且很可能是詐騙集團打來的。」或安撫她：「好，我馬上回電話給姊姊。」就沒事了。

只要提醒自己轉念，短短一句話就可以化解紛爭。

●頭腦的思考運作，受限於過去的經驗

頭腦，是很神奇的器官。即便一個人老邁到肢體與臟器功能退化，甚至腦部萎縮，認知功能異常，情緒和思考依然繼續運轉，甚至變本加厲地更容易忌妒、憤怒、猜疑。因此很多醫學專家都積極呼籲，趁年輕時鍛鍊身體，刺激大腦，才能減緩退化。

我相信這些都是很好的建議。除此之外，站在靈性學習的立場，也要嘗試另一種自我訓練的方式，就是：**不要相信腦袋裡的念頭，因為那可能都不是真的**。如同佛法主張：一切都只是妄念而已。

就像日本暢銷作家枡野俊明的書名所述：「你所煩惱的事，有九成都不會發生。」所有的煩惱，都是被頭腦想出來的。而頭腦對於思考的運作，往往是基於過去的經驗所限，導致聯想到對未來的擔憂。

依據頭腦產生的見解，之所以常常受到限制，是因為這些經驗都來自於過去

的創傷、偏見和誤解，影響我們的判斷和決策。更何況，生活的本質是無常，因此念頭隨之快速變化。一個人可能在短時間內經歷各種情緒和想法的波動，分分秒秒產生無數的念頭，未必反映真實的現況，也無益我們做出正確的選擇。

我母親的整個童年，都在第二次世界大戰的硝煙戰火與空襲警報中度過。加上原生家庭人口眾多而生活資源有限，難免被重男輕女的傳統觀念所壓抑，造成她和幾個同胞姊妹，個性中都存在容易為小事操煩的特質。就算長大後經濟環境改善，結婚生子後，擁有愛她的丈夫與子女，依然會因為不斷擔心害怕，產生許多無謂的煩惱，剪不斷、理還亂，不只作繭自縛地困住自己，也讓和她一起生活的人感受無形的龐大壓力。

真正能對治煩惱的，是修練高度智慧，帶給自己平靜的心。所有的智慧和洞見，來自於內在的平靜和直覺，而不是來自於喧囂的頭腦。如同《金剛經》完整的名稱，是由佛陀親自命名的《金剛般若波羅蜜經》。「般若」是指：能斷除煩惱的高度智慧；「波羅蜜」的意思是：「度」，也就是：從此岸到彼岸。

● 徹底斬斷煩惱，在修行中解脫

對於《金剛經》名稱的意涵，依譯文版本不同而有兩派不同的主張。鳩摩羅什認為：「金剛」是用以形容「般若」智慧無比強大，可以斬斷所有煩惱；玄奘的見解則是：人的煩惱猶如「金剛」頑強，唯有此經能夠以高度的智慧斬斷。

至於哪一派的說法是對的呢？佛陀在命名的時候，可能已經預見這個爭論會發生，於是緊接著說明，在經文中使用的是三段論法：「佛說般若波羅蜜，即非般若波羅蜜，是名般若波羅蜜。」意思是說，祂只是為這部經文起個名字，方便弟子與大眾奉持而已。說到底，依然是：自性自悟，無可名之名。勸勉眾生應澈悟於空無，而不必執著於名相。

隨著人工智慧興起，很多人擔心人腦的部分功能，會逐漸被AI取代，甚至影響到自己的工作機會。在我看來，機器人有的優勢，並不是資料記憶、邏輯分析而已，而是它可以不帶情緒的做判斷與決策。由於它沒有真正的感情，所以不會有煩惱；因此機器人不需要「般若」智慧，它根本不需要解脫。

但，這真的是優點嗎？或許它的優點，也正好是它的缺點。不帶感情的決策，有時過度冰冷無情，而且無法解決情緒的問題。要解決人類的煩惱，恐怕還是要靠懂得煩惱的人類，自己在修行中尋求解脫，這可能是ＡＩ幫不上忙的。

佛說般若波羅蜜，即非般若波羅蜜，是名般若波羅蜜。——《金剛經．如法受持分第十三》

【譯】我（佛）所說的「般若波羅蜜」，既是性空虛無，就不必執著於這個詞彙，隨緣對眾生解說即可，但為了便於弟子奉行，還是取名為《金剛般若波羅蜜經》。

沒有人可以欺侮你，除非你應允

忍辱是一種修行，改變詮釋的觀點就能轉念。

國中時期，我剛從中部遷居回到台北，對環境適應不良，課業一塌糊塗，在學校多次被師生霸凌。累積無數被羞辱的經驗，印象最深刻的一次，是全校週會時，被訓導主任叫到講台上，大聲斥責並毒打一頓，只因為他說親眼看到我在他訓話的時候故意做鬼臉，表達我對他的不屑。

但其實真相是：當他站在司令台上吼罵學生時，烈日下剛好有幾滴汗水沿著我頭上的船形帽，瞬間滴入我右邊的眼睛，一陣刺痛中我眨了眼睛，就被誤解為對他不敬的表情。

訓導主任並未就此罷手，午休時間用廣播把我叫進去訓導處，繼續用藤條鞭打我。忍痛含著淚水望向窗邊，我看到新任的導師前來，似乎想表達關切，卻又礙於自己剛分發到校教書，不知道如何下手，只好愣愣地站在門口，等待體罰完畢，將屁股痛到像是要爆炸的我領回教室。

路上他問我：「是不是覺得很委屈？」我冷靜地把真實的狀況重新描述一次，他又問我：「會不會痛恨訓導主任？」我居然回答：「他應該是心情不好吧！」接著，雙方無言，只是靜靜地走在夏末初秋的校園長廊，陽光把這一對師生的背影拉得好長，綿延到我的記憶深處，至今難忘。

接觸靈性成長領域，帶過很多次小型工作坊。當學員們深刻聊起各自羞辱創傷的經驗，都非常深沉痛苦，而且很多時候，被傷害者的心底掩藏著很多不必要的自我究責：「是不是因為我不好，他才會這樣對待我？」無異於在被羞辱所帶來痛苦中雪上加霜。若無法擺脫這個想法，就會衍生出：「我覺得自己很糟糕，因此我想把糟糕的自己隱藏起來。」從此戴著面具過生活，人際關係更加疏離。

而解決之道，是要真正理解躲藏在面具之後的羞愧。

諮商心理師給羞辱創傷個案的專業建議，從「自我覺察」到「自我疼惜」，都是為了要停止「自我究責」，進而消除因為羞愧而產生的憤怒、逃避、攻擊……唯有重新找回支持自己的力量，才能開始復原與療癒。

●會羞辱別人的人，自己必定也感到不受尊重

多年之後，經歷過無數更大的挫折與更深的痛苦，回頭看待那個十三歲被叫到司令台，當著全校師生面前被羞辱的我，除了還能維持當年天真的體諒「他應該是心情不好吧！」之外，也能更進一步換位思考，站在訓導主任的立場來看，他可能也有屬於他的羞辱創傷——大熱天，我在台上訓話，維持全校秩序，竟然有個一年級剛入學的新生，膽敢做鬼臉對我反抗？

而他之所以這麼容易感受到自尊被剝奪、權力被威脅，一定和他成長經驗有

關。儘管他有他的課題，而我所能做到只是讓長大後的自己不再輕易受傷，並在彼此的界限中看到現實的真相：當每個人都把自己看得比他人重要，覺得自己的權益是神聖不可侵犯，一旦衝突發生的時候，必須要以高度的覺察，喚醒各自都需要被尊重的事實，否則不是有人心甘情願退讓，就是有人無辜地受傷。

以心理學的論述，所提供的解決方案，會是在衝突中保持平靜，並宣告自己的立場，例如：「我感覺你現在非常憤怒，但你不能把氣出在我身上，我有我的主張，請你尊重我。」或「我知道你現在很生氣，但事情可能不是如你所看到的這樣，我們能不能另找時間相談？」可是在現實生活中，彼此若是處於權力、經濟不對等的狀況，弱勢的這一方根本沒有機會做出正確的表述，只能眼看著對方以肢體或語言，揮刀舞劍相向。

就算我們屈居弱勢、無力反抗，不能在受辱的現場，為自己挺身而出，還是要永遠記得：**沒有人可以真正的侮辱你，除非你自己應允。對方要怎麼講、怎麼做，是他的事；你能做的是：不要照單全收。**

佛學的觀點與層次，所站的位置比較不一樣。**化解對立或消弭衝突的方法，是先把自己抽離**。畢竟現場要有兩個人，才吵得起來；如果當作自己不存在，就無從爭執。表面上是忍辱，其實到頭來是榮辱皆忘。

● 凡事要先能「忍」，才能培養出「韌」

忍辱，佛學中很重要的一種修行方式。但多數人，一看到「忍」字，便心生委屈。其實，佛法中的「忍」，有不同層次，包括：物質的、精神的，以及捨我的。**「忍」的目的。是為了要化解別人惹出的問題，進而安頓自己的身心，消除雙方的煩惱**。凡事要先能夠「忍」，才能培養出「韌」，也就是柔軟而堅定的力量。

佛陀講《金剛經》時提到，祂前世曾被十分殘暴的君主歌利王切割支解身體，之所以能夠毫無憤怒怨恨，是因為那時候的他，已經沒有對於四相的執著，也就是「無我相」、「無人相」、「無眾生相」，「無壽者相」。當「我」

「你」都不存在了，一切的痛苦、恐懼、憤怒與怨恨都能消失於瞬間。

不再執著於自我，就能對羞辱無感。所有的創傷，在放下自我的那一刻，獲得痊癒。這道理看起來確實高深，回到日常生活中以邏輯推論：如果創傷是因為羞辱而來，羞辱又是因為感覺自我未獲得對方尊重，當我們可以不要把自己和對方都看得太重，甚至可以無視「你」「我」「他」的存在或差異，那麼羞辱的感覺就不會發生，也就不會帶來傷害。

如我昔為歌利王割截身體，我於爾時，無我相、無人相、無眾生相，無壽者相。何以故？我於往昔節節支解時，若有我相、人相、眾生相、壽者相，應生瞋恨。——《金剛經・離相寂滅分第十四》

【譯】就像我在前世，曾被歌利王支解身體，當時我就是以無我相、人相、眾生相、壽者相的心念面對，否則當在被支解時，我如果執著於四相，就一定會心生忿恨，必成苦果。

每一次如願，都來自別人成全

感覺自己對的次數，通常取決於別人讓的程度。

擔任企管顧問時，有同事跟我說，R的個性爭強好勝，每次在辦公室和同事討論事情，都很自以為是，得罪人而不自知。其實大家並不是真的同意他，只是怕招惹麻煩、或不想浪費時間，懶得與他爭論不休，才讓他自說自話，暢所欲言。沒想到這樣反而更壯大他的聲勢，增加錯誤的自信。表面上好像沒有對手，順風順水，勇往直衝；卻在不知不覺中，為自己埋下很多路障。

在一次行銷企劃提案的討論會議中，他一時大意引述錯誤的市場調查資料，說得頭頭是道，彷彿發現新的消費需求，差點誤導公司新產品研發的方向。

此時，新進的業務經理K，搞不清楚R是怎樣的人，直接在會議中舉手糾正，而避免了一場經營的災難。但R卻認為，K刻意對他落井下石。

會議後，總經理私下問其他與會者：「你們應該也有發現他引述的資料不對，為什麼沒人提出來？」這時候同事們才老實說出，對R平日的作風有所不滿。總經理委託我去勸說，R終於恍然大悟。原來過去自己堅持是對的事情，並不一定真的就是對的。幸好他及時認清這個事實，才沒有繼續犯下更多的錯誤。

感覺自己是對的次數，通常來自別人讓的程度。回想起來，我是在三十多歲的時候，上過一系列身心靈成長的課程，對當時老師說過的這句話印象十分深刻：「**一個人最大的錯誤，就是總是覺得自己是對的**。」

這些年來，我一直把「我可能是錯的！」這句話當作自我提醒的座右銘。因此對後來市面上出現的暢銷書《我可能錯了》，感到十分熟悉並認同。佛法提醒眾生：**一切現象都是基於因緣和合而生，具有虛妄不實的特性**。**無論在什麼樣的狀況之下，若堅持自己永遠是對的，這種行為的本身，就已經大錯特錯**。

●一切現象都不斷變化，可以明辨是非對錯，但不用過度計較爭辯

《金剛經》多次提到：「無自性」和「因緣和合」等觀念，例如：「如來說世界，非世界，是名世界。」意思是：所謂的這個「世界」，都是因緣和合所創造出來的現象，並不是獨立、固定，或永恆不變的實體，所以佛陀才會再三說，我們所身處的世界，是「空的」、是「沒有自性」的。

就拿水來做比喻，水的型態是一直在改變的。可能是一滴雨水落入大地，流入河川大海，蒸發之後到空中，成為雲朵再降下來。這一切的過程都「無自性」，是透過「因緣和合」而產生的。

印度靈性大師奧修，也曾引述相似的例子，與學員探討有關於水的各種變化，不但沒有固定的形式，也沒有增加或減少。

因此若總是要站在單一固定的立場，針對一件事情去論斷是非，就無法認識整個全貌。有時候，我們為了方便指稱或討論，而給予一個標籤、說法或名稱，

也都只是暫時適用，並非代表它就會一直存在。

在整部《金剛經》中，類似「如來說世界，非世界，是名世界。」這樣三段式邏輯辯證的論述很多，像是「如來說三十二相，即是非相，是名三十二相。」「所言善法者，如來說非善法，是名善法。」「佛說微塵眾，即非微塵眾，是名微塵眾。」等。

佛陀反反覆覆地從正面講述、再從反面推論、回到正面印證，可以說是苦口婆心地解說，要讓我們認清所有的物質和現象都是「性空」的，要放下自己的執念，才能夠從煩惱中解脫。

不站在特定的觀點去評論人與事，固然是基於萬事萬物都是隨緣幻化的原因，但其實也是對自己的慈悲與對別人的寬容。

這並非代表為人處事，連基本是非對錯都不重要，而是不值得計較！你只要提醒自己：所有的是非對錯，都只是暫時的、單一的，或特定的觀點，你就能做到不執著於是非對錯。

如果我們可以用開放的心，去應對身處的一切，透過多元的觀點與理解，將會發現：所有的惡人與壞事，都值得你感謝自己，是他（它）們的鍛鍊，讓你變得更強大；更何況是那些曾經幫助過你、退讓過你，以及成全過你的人。

●感謝對方的謙讓，你才能做出自以為對的選擇

每個家庭中，都可能存在夫妻或父母與子女之間的意見分歧。例如：夫妻選擇家具時，有不同的看法。丈夫認為某款沙發比較耐用，而妻子則更喜歡另一款沙發的美觀。如果丈夫決定不和太太爭論，默默地接受她的選擇，並讓她覺得自己做出正確的決定，夫妻的感情將會更融洽，家庭更幸福美滿。但背後真正的原因，其實是丈夫願意謙讓。

以上這種情況，特別常在幸福的家庭中出現。家人相處和睦，絕對比爭論誰對誰錯更重要。如果自以為決定正確，並因此沾沾自喜的人，能夠意識到這份成

就感，是來自別人的退讓，一定會大大降低對方心中的委屈感，彼此關係也可以維持比較好的品質、延續比較長久的時間。

無論於公於私，**不堅持己見，不要刻意與人爭論對錯，就是在日常生活中實踐「無我」的練習**。如果統計下來，你與他人談論事情，覺得自己是對的次數，遠高於承認錯的機率，除了自我檢討之外，更要感謝對方的成全。

如來所說三千大千世界，則非世界，是名世界。——《金剛經・一合理相分第三十》

【譯】如來所指稱的「三千大千世界」，是因為一時緣起而形成的現象，並非真實恆久不變的常態，只是假借一個名詞，把它稱之為「世界」而已。

你所依賴的，都會變成障礙

只要做到不執著，就能夠從所有的煩惱束縛中解脫。

我在電台主持廣播節目，通常結束工作返家正好是接近下班開始大塞車的時段，交通單位實施管制，車輛無法直行上高速公路，必須繞道。多年來我已經很習慣開車上路後，立刻右轉繞一大圈，轉往替代道路，以便銜接到另一座高架橋。沒想到這已經熟得像是反射動作的經驗，卻成為日後的限制。

偶爾幫電台另一位非常受歡迎的主持人代班，她的節目時段是在上午，結束時並非交通尖峰時間，沒有施行交通管制，我離開電台後可以直接開車上高速公路，不必繞行替代道路，可以節省大約十五至二十分鐘的車程。但十有八九，我駕車一出電台，還是很習慣而流暢地打右轉彎的方向燈，駛入替代道路，繞一大圈之後，才敲自己腦袋，責怪自己依循慣例開車，多繞了一段冤枉路。

從這個簡單的實例，可以知道：**我們日常所依持的，無論是人、事物、道理，或習慣，一旦固定形成牢不可破的關係，非他不可、或沒有它就不行，很有可能在某些時候，就把自己限制住，變得沒有彈性，無法施展。**

上述說法，很像是上癮。但若以「酒癮」或「菸癮」來做比喻，並不十分合適。因為這兩種癮頭，是有化學物質的作用，而且很明顯會給身心帶來極大的傷害，相對之下比較容易提防與戒慎。但**人生中，有些看起來明明是美好的事物，卻會因為過度依賴，而變成重大的障礙**。例如：日積月累的感情，越親密就越沉重，到必須割捨的時候，竟成為自己繼續前進的絆腳石。

從身邊親友的故事、或是媒體社會版的個案，常看到感情很密切的伴侶或親子，其中一方離開，導致另一方無法承受失去的痛苦，身心都出現極大的變化，甚至無法獨自繼續生存下去，因此尋短、得到重病，或精神異常，令人不勝唏噓。

●不受限於感官的意念；不執著於既定的想法

親密感情的「依賴」，之所以變成「障礙」，問題並不是出在相愛的任何一方，而是過度執著於這段關係，不願意接受它任何形式的變化，才會把自己綑綁起來。只要可以做到不執著，就隨時能夠從過去解脫。

《金剛經》裡的這句經典名言：「應無所住，而生其心。」大意就是：不應該執著於任何人事物，還包括思想、感覺、情緒、意念等，只要能夠從中解脫，就可以生起充滿慈悲與智慧的菩提心。

「住」這個字，在整部《金剛經》中，出現二十一次，但用法與意義並不相同，可以分為兩大類：其中一個意義是「依持」，也有學者註釋為「維持」或「保持」，梵文是sthātavyaṃ。經文中的「云應何住？云何降伏其心？」就是這個意思，可以翻譯成「維持」、「保持」，有時可衍生為很近似「安放」的意思。

另一個意義則是「執著」，梵文是pratiṣṭhitena。經文中的「應無所住，而生其心。」「菩薩應離一切相，發阿耨多羅三藐三菩提心，不應住色生心，不應住聲、香、味、觸、法生心，應生無所住心。」這裡的「住」，是執著的意思。

雖然《金剛經》裡的「住」，有這兩個不同的意義，但連結起來也說得通，意思是：我們對於平日所用心維護或安放的一切，不能抱著固守成見的主觀想法，唯有不受限於所感知的現象、樣貌或狀態，以開放的胸懷，解開所有的束縛，才能獲得心靈的自由。

諸菩薩摩訶薩，應如是生清淨心，不應住色生心，不應住聲、香、味、觸、法生心，應無所住，而生其心。——《金剛經．莊嚴淨土分第十》

【譯】所以諸菩薩、摩訶薩應該像這樣生起清淨心，不可執著在色聲香味觸法而產生任何意念。應該要無所執著，生起不被六塵所蒙蔽束縛的清淨菩提心。

祝福你討厭的人與眾生

放下主觀的成見，就能彼此慈悲對待，相互溫柔成全。

菩薩慈悲，普度眾生。真正的慈悲，是不分親疏遠近、年齡性別、種族文化、世代差異，皆無差別對待，誓願為大家解脫悲苦，抵達涅槃的彼岸。

《金剛經》裡有幾個段落，重複強調無差別對待的慈悲心，例如：「若菩薩有我相、人相、眾生相、壽者相，即非菩薩。」〈大乘正宗分第三〉；「離一切諸相，則名諸佛。」〈離相寂滅分第十四〉；「以無我相、無人相、無眾生相、無壽者相，修一切善法，即得阿耨多羅三藐三菩提。」〈淨心行善分第二十三〉都是要我們學習諸佛菩薩的精神，一視同仁對待眾生。

經文中多次提及的「四相」，也就是「我相」「人相」「眾生相」「壽者相」。坊間已經很多專家學者以專文論述「四相」的意涵，解說的內容略有不同，在此分享的是比較廣為採用的講法。「相」的梵文是：lakṣana。意指：外在的形相或狀態。然而，所有的外在的形相或狀態，都是我們透過感官觀察或體驗，再透過腦袋想像出來的。

「我相」：是以五蘊（即：色、受、想、行、識）所形成「我」這樣的個人立場；「人相」：既然有「我」，那麼我以外就是他人；「眾生相」：是多數人的集合；「壽者相」：是把人加上時間與壽命的維度，所泛指的合體。

經文多次出現的「無我相、無人相、無眾生相、無壽者相」講的就是：無差別對待，一視同仁的慈悲心。**眾生以菩薩為典範，學習慈悲心，不妨從祝福你討厭的人開始練習，放下恐懼與怨恨，代之以同理與感恩。**

回想起我剛出社會，在外商科技公司行銷部門工作，有段時間被公司指派去支援一位業務經理。此人在公司業績表現平平，同事私下對他風評不佳，和他合作過的人，都說他很難搞。幾位吃過苦頭的前輩，善意提醒我：「小心伺候！」

懷著戒慎恐懼的心情，與他配合過幾次專案，發現他果然名不虛傳。個性陰晴不定，十分情緒化；無視合作對象的付出，總是爭功諉過；精於自我保護，話只說一半，資料留一手。磨合很久，未能漸入佳境。加上幾次遭他從背地暗算，我氣到有意提出辭呈。直屬主管聞之色變，出面慰留我：「你知道他是這種個性的人就好，不需要為了他，放棄這份你喜歡的工作。更何況，支援他只是一時的，你在公司的前途還是大有可為啊。」這一席話，對我很受用。

心想：「既然我支援他只是一時的，如何讓這一段時間，彼此比較不痛苦，或可以提前結束？」經過逆向思考，這個問題的答案變得超級正面：「我真心誠意幫助他成功，相信他會慢慢體會我的善意；另外，盡我的努力與資源讓他業績提升，或許他心情好了，對待別人的方式，也會改變。」

半年後，他的業績突飛猛進，榮升高職，被調派到海外擔任亞太區域主管。終於，他離開我很遠了。而且歡送聚會時，還主動對我熱情擁抱，向我致謝。

●以誦經為癌細胞祈福，護送它們前往佛國淨土

有過這次魔幻經驗，我深深相信：**當你越討厭一個人的時候，越要深深祝福他，並對他釋出善意與熱情，不但可以化解恩怨，還能因此讓他真正地遠離**。這份心意，並非出自懷恨或詛咒，而是祈願彼此都能在不同的地方，各自安好。

幾年前，母親罹癌。剛被檢查出來的時候，她身上同時有多發性的腫瘤七顆，最大的腫瘤直徑高達六點五公分，影響吞嚥和語言的功能。後來很幸運找到剛引進台灣的治療方式，經過住院一年，加上另一年的日間照護，再連續追蹤三年之後，五年期滿宣告痊癒。母親算是特殊的個案，在醫護同仁和個人親友之間，都被視為奇蹟。

很多人問我：「是如何辦到的？」這當然要歸功於西醫與中醫團隊的治療，以及母親的求生意志與勇氣，她的心理韌性十分強大。而這五年間，我虔心求佛，每天為母親身上的癌細胞誦經祈福，祝禱它們嚮往著可以離開母親的身體，

前往佛國淨土，學習佛法，投身善道，與家母各自解脫，不再冤冤相報。

若要癌細胞離開人體，總要讓它們的靈魂有個去處，不要只是一味地想方設法滅絕而已。至今我仍認為這份祝福，是溫柔而堅定的力量，陪伴有形與無形的眾生，都能彼此慈悲相待，相互成全。

若菩薩有我相、人相、眾生相、壽者相，即非菩薩。《金剛經・大乘正宗分第三》

【譯】如果還是執著我相、人相、眾生相、壽者相，對不同形貌或狀態的眾生，有差別對待，就不能稱是菩薩了。

當你越討厭一個人的時候，越要深深祝福他，
並對他釋出善意與熱情，不但可以化解恩怨，
還能因此讓他真正地遠離。

人生如夢，別把夢當真

無常，才是正常。要認真去活，也要瀟灑放手。

農曆除夕前，正忙著大掃除，突然發現主臥室浴廁牆面滲水，大感不妙。一方面是春節期間很難請到師傅檢修；二方面是我本來就非常忙碌，連春節都有安排工作，無法全程放假。又要花時間處理這些事，壓力很大。

樓上鄰居當年購屋後有變更設計，改變格局，防水工程做得不好，已經第三次漏水到我家來。他置產是為了出租，並交由仲介公司經紀，自己都不出面，每次發生漏水事件，聯絡溝通勞師動眾，十分費神。

睡前我再次檢查浴室漏水狀況，幸好是慢慢浸濕牆面，尚未到水流如注的程度。心中雖然十分忐忑，還是得如常就寢。秒睡之後，竟立刻做了一個非常逼真清醒的夢。在夢境中，我看見主臥室浴廁牆面滲水，非常緊張地四處奔波打聽該怎麼辦，急得滿身大汗，突然清醒後發現，原來只是一個夢，它不是真的，主臥室浴廁根本沒有漏水。

寤寐之間，我賴在床上，躺著鬆了一口氣：「還好，只是一個夢！」過了幾秒鐘，我忽然感到疑惑，到底這情境哪個是夢、哪個是真？接著跳起來，直奔衛浴……啊，漏水是真的，牆面比睡前看到的更潮濕，水滴沿著磁磚縫隙流出。

這是我親身經歷過的「夢中夢」。佛學與莊子，都討論過類似的問題：此刻正在看這本書的你，覺得現況是真的嗎？會不會我們的人生只是一場夢？在宇宙的另一端，有個清醒的你，正在觀看夢中的自己？

小說《紅樓夢》裡，賈寶玉夢遊太虛幻境，看見一幅對聯：「假作真時真亦假；無為有處有還無。」大意是：把假的當作真的，真的變成假的；把不存在的當成存在，存在的就不存在了。

佛陀在《金剛經》中，對眾生的開示也是如此：「一切有為法，如夢幻泡影，如露亦如電，應作如是觀。」這是《金剛經》非常有名的四句偈之一，指**世間一切都是短暫因緣和合所生，像是夢幻泡影、露珠閃電，並非真實恆久**。就像我的浴室牆面漏水，過完年請師傅修復後，水漬乾了，好似這件事沒發生過。

● 當無常已經是日常，要珍惜當下但不要執著

過去我上課時，用來解說「如夢幻泡影，如露亦如電」的實例，多半是工作或情感。譬如，張總打拚半生事業有成，正覺得自己累積很多財富，開始積極投資，卻碰到金融海嘯，一夕之間將多年成果化為烏有；又如：喬治和瑪莉是大學班對，各自都是對方的最愛，成家後依然恩愛，卻因為一場交通事故，讓原本幸福的家庭毀於一旦；還有，一個很精明的長輩，突然失智了，病情變化速度很快，短短幾個月就不認得家人。

這些舉例，確實很沉痛，但已經是無常人生的日常，當我們了解世間的幻化與虛妄，就應該自我提醒：無論身處順境或逆境，都不要過度當真執著。經歷過這些深刻的體驗，更應該要有此覺悟：**與其感慨；不如看開。人間美好，瞬間即逝，要珍惜當下，但不要執著**。

應用人工智慧AI，詐騙集團更加猖獗。變造過的聲音與影片，與當事人幾乎一模一樣，真假難辨。用「如夢幻泡影，如露亦如電」來隱喻詐騙集團的以假亂真、虛妄不實，或許是令人印象深刻的提醒。當你收到心儀偶像的私人交友邀請，請務必提醒自己：這真的是本人嗎？以免投入夢幻一場，夢醒只剩傷。

一切有為法，如夢幻泡影，如露亦如電，應作如是觀。《金剛經．應化非真分第三十二》

【譯】因為世間所有因緣和合的一切，是緣聚而生，緣散即滅，就好比是夢、幻、泡、影，像露珠、閃電，只要能夠這樣觀看，如此思考，就知道一切都是短暫的假相，並非真實恆久。

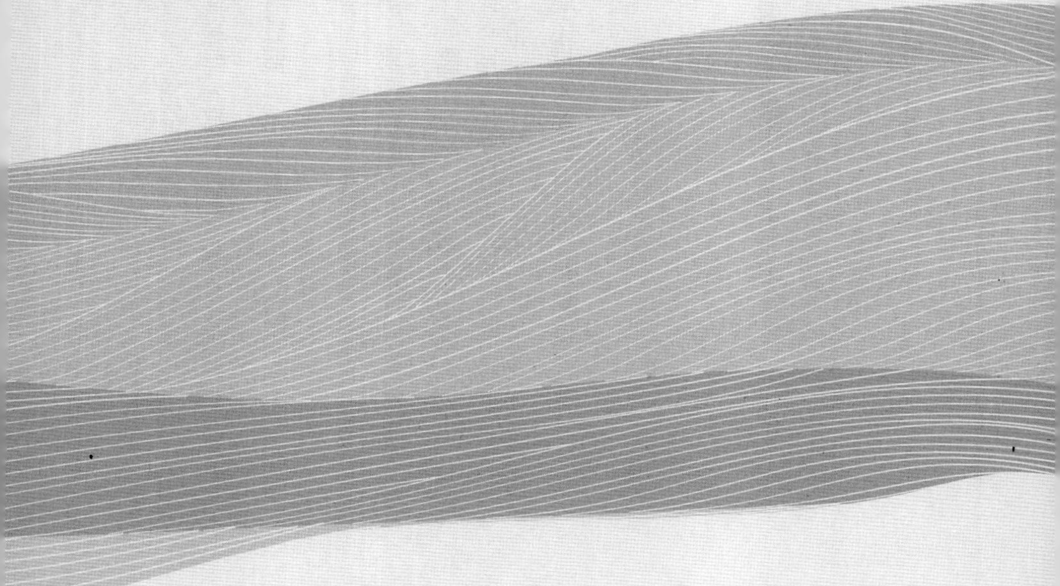

Part 3

無相布施

真正的付出，是被視為理所當然

自以為是的好，其實很不好

所有的付出，必須先考慮對方真正的需要。

我從小到大常被教導：「施比受，更有福。」直到漸漸長大，有過多次被別人幫助、以及幫助別人的經驗，才覺得：這句話確實適用於鼓勵大眾，願意去為別人付出；但站在提升靈性的角度來看，寧願去除中間帶有「比較」的意涵，用更客觀的立場思考：**「施」與「受」，雙方都是有福的人！**彼此都值得感謝對方，也無須把「福」記掛於心，無論要把這個「福」，解釋為「幸福」、「福德」，或「福報」，都不必刻意強調。因為這並非付出者真正的本意；若曾有此念頭，也該淡然處之。

為什麼呢？相對於為別人付出，我們也都聽過「吃人嘴軟；拿人手短」這句俗諺。好像接受他人幫助的人，就因此矮人一截，必須有所虧欠、或刻意討好。無形之中，讓「施比受，更有福」這句話被另類解讀出「傲慢」的意味，彷彿有能力為別人付出，就顯得高高在上，而事實並非如此，因為大部分的人在付出時，都是不求回報的。

成長過程中，曾經歷家中經濟緊迫的階段，父母的幾位親朋好友主動出手幫忙，度過繳學費必須應急的難關。其中有些款項，是多年以後才償還。收到還款的親友，甚至慷慨溫暖地笑說：「看你們能好好念書，完成學業，我感到十分欣慰，其實我早就忘記，曾經有拿錢讓你們繳註冊費這件事。」

有另一些親友，並非提供實際的金錢支助，而是介紹當時還在念書的我，有打工賺取學費與零用金的機會，同樣讓長大後的我念茲在茲，盡量找機會報答這份恩情。

正因為這些感人而美好的經驗，在我個性中留下「感恩圖報」的因子，沒想到後來也成人際關係的障礙。幾位親近的好友，常提醒我：「你太客套了，過於禮尚往來。會令人覺得有距離感，不好親近。」「你幹嘛為一點小事，就不斷致謝，讓我覺得壓力好大。」

仔細反思消化自己謝恩的動機，以及消化來自好友的回饋，再加上有能力之後，多次毫無所圖地幫助別人的經驗，慢慢地培養內在的自信。願意無條件地承擔，來自別人對我付出的好意；也懂得如何在幫助別人時，不要給對方任何壓力。**即使自己付出，真正的是完全不求回報，也要讓對方可以安心接納，並且感到自在。**

● 為對方付出之前，要先確定他真正的需求

「施」與「受」雙方，都是平等的。不管你多麼願意付出，有多大的能力奉獻，相對地必須要存在願意接受幫助的對象，好好地收納這份好意，應用於他真

正需要的地方。否則，你要給別人的財物或好意給不出去、或給到沒有好好使用的對象，都會是一種資源的浪費。

尤其是**越親近的人之間，自以為是的好，通常都會讓雙方的關係變得很不好**。以親子之間的相處為例，大人常對自己的小孩說：「我是為你好！」十有八九的孩子，都並未真正領情。不是抗拒，就是委屈。因為大人是基於自己的觀點，付出他自以為孩子需要的東西、或把自己的期望加諸於子女身上，卻沒有考慮到彼此觀點的差異，以及對方真正的需求，就算不求報恩，也容易結怨。

長輩對晚輩的付出，會有這樣的誤解；晚輩對長輩的奉獻，也會有類似的情形。從前我每年都會在過年、母親節、生日時，以禮金包紅包給媽媽。其實我知道她幾乎沒有機會自己外出消費，紅包只能傳遞心意，給她一份被愛的安全感。

有一天，我幫她收拾房間，在五斗櫃放置內衣褲的小抽屜，發現她把累積多年的紅包，原封不動地用手巾綑好，藏在小抽屜裡頭比較深的位置，感慨萬千之餘，問她：「要不要幫您存在銀行裡？」媽竟回答：「這些都是你的錢，你還是拿回去吧。」

若按照我之前火爆個性，覺得自己用心付出，對方卻不領情，很容易為此又吵架。經過很多年累積的相處經驗，我立刻提出一個完美的解決方案：「那把這筆錢拿出來，部分以您的名義捐款，剩下的零頭，請我們吃飯。」她欣然同意。於是，我安排一次簡單的家庭餐聚，跟家人說：「這次是阿嬤請客喔！」她感到很有面子，笑得很開心。

●藉由為別人而捨下心中所愛，鍛鍊去除我執

布施，是佛學中非常重要、也極具關鍵的修行方式。六大修行法寶，依序是：「般若」「布施」「持戒」「忍辱」「精進」「禪定」，稱為「六波羅蜜」。這裡的「波羅蜜」，也稱為「波羅蜜多」，是度到彼岸的意思。

《金剛經》把「布施」的觀念與做法，解析得十分深入。「布施」最簡單的

意思，就是把自己的東西，拿給別人使用。也可以換一個陳述的方式：**願意為別人的需要，捨下自己鍾愛的東西**。包括：「財布施」，給人錢財；「無畏布施」，提供安全感；「法布施」傳授修行的觀念、道理與方法。

另有「無相布施」，字面上的解釋，就是給別人所需要的東西，不侷限於任何的形式或情狀；而更深一層的意涵，則是去除「我執」。包括：不要以自己的意思去推斷對方所需；也不要因為是自己最鍾愛的，就捨不得給出去；更不要期待自己的付出，可以得到任何的回報。

若能做到這個層次，就是施者忘施，受者忘受，並忘記所施之物，這也就是佛學中所謂的「三輪體空」：施空、受空、物空，算是布施的最高境界。

菩薩於法，應無所住，行於布施。所謂不住色布施，不住聲、香、味、觸、法布施。須菩提！菩薩應如是布施，不住於相。《金剛經‧妙行無住分第四》

【譯】菩薩基於無上正等正覺的法理，在修行布施時，應該無所執著。不著於相的意思是：修行布施時，不執著於色、聲、香、味、觸、法等表面的形式。須菩提，菩薩布施是不受形式所侷限的。

付出，樂於被視為理所當然

無怨的付出；無愧的接受——照顧者與被照顧者的幸福模式。

或許是受到家庭環境與父母教養的影響，早些年我幾乎無法承擔別人對我的好意，而且很怕麻煩別人，只要有人對我付出，內心就覺得很虧欠對方，想盡辦法要立刻彌補或答謝。

回想小時候，眼看爸媽對親友都十分慷慨大方；即使本身手頭不甚寬裕，仍願傾盡全力為別人犧牲奉獻。而且，他們很怕欠人情，只要從別人那裡，收到禮物、或拿到什麼好處，就想盡辦法要盡快回禮。

年紀稍長之後，接觸心理學，知道**待人過度客氣、謙虛禮讓的態度背後，可**

能掩藏著「覺得自己不值得被好好對待」的自我貶抑。於是學著慢慢調整自己，刻意練習建立新的觀念：**我很樂意對別人好；我也值得別人對我好**。

雖然這樣的改變，是一條漫漫長路，但感覺到自己有在進步中。至少在接受別人的好意時，不再有那麼深的虧欠或愧疚。一旦覺察快要出現這些念頭時，就告訴自己：「他對我好，我也可以對他好。」或「我值得被別人友善對待；我也同樣如此友善對待他人。」即使克制不住要趕快回禮的念頭，也會把行動的速度放慢，等到適當的節慶或時機，再表達心意。

之前有段時間，我的背部長脂肪瘤，因為太忙碌而拖很多年才去醫院處理。手術前接受衛教，醫生交代起碼半個月不能提重物。

我不想麻煩別人的個性根深柢固，不但開刀當天清晨自己一個人去醫院接受手術，當天下午立刻到電台正常工作，主持現場的廣播節目。因為工作之需，要帶筆電、文件、環保杯等，林林總總加起來的重量，已經超過負荷，我竟分開三、四個帆布袋子裝，多次搬運上車。

節目結束，又多了幾本近期要專訪的新書和資料，必須帶回家準備。同事實在看不過去，堅持要幫我把東西提到車上，我討價還價說：「只要幫我提到電梯門口就好！」同事拗不過我，只能照辦。電梯關門前，還是勸我：「若權大哥，你不要這麼見外，行不行？」

短短一句話，一針見血啊！「見外」，確實如此。**太客氣，不願承受或接納別人的好意，很容易拉開彼此的距離。**

電梯從十樓到地下二樓，我彷彿明白了很多。

● 付出的時候，不必期待、也不能控制對方的反應

擔任企業顧問期間，幫忙排解辦公室同事情緒困擾時，我常常聽到這樣的抱怨：「我為他付出的時候，真的是不求回報啊！但看到他那麼理所當然的樣子，好像是我有欠他……」

認真為對方付出，被視為理所當然！以現代人的眼光來看，多數人可能會感到未盡公平，甚至內心很不舒服，直覺被對方占了便宜，越想越委屈。

尤其碰到在專案執行過程中感到勞逸不均、或是專案結束後有人爭功諉過，就很容易出現怨嘆：「我的付出，竟被對方視為理所當然。」這時候我會問：「你會希望對方有什麼反應？」「你希望他對你說什麼？或為你做什麼嗎？」以正常邏輯推論，答案很可能是：「至少對我說聲『謝謝』吧！」「至少他的態度要好一點吧！」但很有趣的是，當我認真詢問這些被視為理所當然的付出者，究竟期待獲得怎樣的反應時，得到的答案居然常常是：「啊，算了啦，他高興就好。」或是「他要怎樣反應，不是我能控制的。」

雖然我們都無法排除，這兩個答案的語意中，是否還或多或少有些負面情緒？也可能是理性思考之後的結果；但「他高興就好。」或「他的反應，不是我能控制。」這絕對是真知灼見。只要你願意練習多講幾次之後，講到自己可以平靜地接納，負面情緒就會因此而隨之煙消雲散。

人際關係的應對，最容易讓自己感覺煩惱的，就是別人的反應不如我意，而我想控制這個反應，讓它成為我想要的樣子。尤其是在對別人有所付出的時候，雖然未必期望對方回報，但如果對方的反應，跟自己想像的不一樣，多少還是會感到失落。

《金剛經》有段經文：「菩薩所作福德，不應貪著，是故說：不受福德。」佛陀提醒須菩提說，菩薩對眾生的付出，是在做祂認為自己應該做的事情，也就是善盡本分，沒有貪求任何的回報，也從未希望得到任何的福德，一切都是自自然然地發生，所以才說菩薩不受福德。

我們若要效法菩薩的精神，應用於日常生活，**不只是在付出的時候，提醒自己別無所求，更重要的是覺得自己的所作所為，都只是在善盡本分，甚至根本不覺得自己是在對別人付出。**

或是更進一步想，我願意為對方付出，他也願意接納我的付出，這已經是美好的過程。至於對方得到什麼好處、或我會有什麼福報，都不用去在意。**必須要**

拿掉所有的期待，付出才能輕鬆自在。因為期待的本身，是一種執念。不抱期待，就是在消除這個執念，也就是把有「我」的念頭降到最低。經過一次又一次付出的練習，總有一天會達到「無我」的境界。

● 不求回報的付出，也要讓對方無愧的接受

我擔任家庭照顧者三十年來，在意識層面對自己付出的理解，絕對是不求回報的，以人子能力所及的範圍，回報親恩於萬一。但我的潛意識裡，是否真的毫無所求呢？這個問題的答案，我繞了十年才得到真正的領悟。

不求回報，很可能只是「照顧者」一廂情願的想法；「被照顧者」內心的自責與愧疚，是很複雜的情緒，經常不斷糾結於彼此的應對中。

即使像我和媽媽，是平日感情十分親密的一對母子，在照顧的前十年，還是經常有些情緒的衝撞。最主要的原因是：**「照顧者」付出越多，「被照顧者」越**

感到內疚。這會累積成雙方極大的壓力，造成彼此的委屈。「照顧者」會覺得：「我都已經做這麼多，你為什麼還不配合、或不滿意？」而「被照顧者」內心的吶喊卻是：「我真恨我自己，拖累了你。」

舉個最尋常的生活實例：當我排除萬難、千方百計，在密集的門診與工作的夾縫中，規劃陪媽媽去郊區景點逛逛，安排到外面用餐。她竟會在出門前為一些小事，像是找不到她想穿的衣服、或鞋子比較緊，突然賭氣說：「我不去了。」然後，雙方的情緒就立刻爆炸。

衝突過後自問：「我在氣什麼？」是覺得孝親的好意，沒有被珍惜？或是心疼行動不便的她，明明不想整天在家裡坐困愁城，卻怕給人添麻煩而裹足不前？

類似的故事很多，經歷無數次的爭吵與溝通，我從驚訝、不解、生氣到同理，知道媽媽是捨不得我，擔心我犧牲自己的休息、耽誤該做的工作，所以她內心才會有很多矛盾煎熬。看似在「盧」的行為裡，多的是承擔不起而感到內疚。

深刻洞察她內心的不安，我學會好好溝通，直指問題核心說：「我知道您是怕麻煩我，但我其實很樂意陪您出去走走，也很珍惜母子相處的時光。」現在的她，偶爾聽見我刻意討拍：「為了幫您掛現場號，我清晨六點半就出門了。」她還會說：「你是我唯一的兒子，我不靠你，要靠誰啊？」表示她已經可以完全接納被照顧，而不再有太多無謂的心理負擔。

無怨的付出；無愧的接受。這是照顧者與被照顧者的幸福模式。當我的付出被她視為理所當然，不再內疚不安，我就不必處理彼此的情緒問題而輕鬆自在。

菩薩所作福德，不應貪著，是故說不受福德。《金剛經・不受不貪分第二十八》

【譯】菩薩度化眾生，施行布施，是做他本來就應該做的事，不是貪求福德才行布施，不執著於福德是有或沒有，順其自然，所以才說菩薩不受福德。

捐錢行善，最簡單、也最難

有錢，很了不起；捐得恰如其分，更是不容易。

媽媽很喜歡聽歌。這是我照顧她很長一段時間後，才發現的事情。當我外出工作回到家，一開門，坐在沙發上的她，總是很陶醉地盯著歌唱節目的頻道。就算是電視台為節省製播成本，已經不斷重播很多年的舊節目，她還是聽歌聽得津津有味。

有一次，我必須到外地出差工作幾天，因為她還在持續治療癌症，我不放心把她和看護留置在家，排除萬難安排她們隨行。晚餐後，經過一座公園的休閒廣場，正好有一組街頭藝人表演，圍觀的民眾沿著花台的階梯坐著，我也將母親乘坐的輪椅暫時靠邊停放，悄悄觀察她老人家的興致與神情的變化。

兩位歌手的年紀很輕，選擇演唱的歌曲卻偏向比較經典流行。我看母親聽得十分投入，幾次湊近耳邊小聲問她：「您會不會熱，要不要早點回住宿的酒店吹冷氣休息？」她都示意我留在原地，跟著身邊一群點歌年輕人沉醉在音樂中。

從晚上八點多，欣賞他們的歌唱到十點。表演結束，人群散去，兩位歌手忙著收拾樂器，母親依然意猶未盡。

我隱約中讀到她的心意，於是從皮夾拿出兩百元，問她：「要不要打賞？」平日省吃儉用的母親，居然絲毫沒有猶豫就立刻首肯。我推著輪椅，讓媽媽親手把紙鈔投入小箱子，歌手露出驚喜的表情，因為當天晚上聽眾算是很多，但捐錢的人很少，更何況是來自這位年近九十歲的阿嬤。

看街頭藝人表演打賞，有點類似在網路直播提供贊助，都是表達肯定與感謝的心意。雖然未必和捐錢行善，可以完全劃上等號，但從布施的觀點來看，還是有很相似的地方，兩者都是願意捨得把自己的錢財，提供給對方運用。

●布施的形式不同，但都可以累積福德

在佛學中，布施是很大的功德。依據布施的形式不同，可以略分為：「財布施」，是指給人錢財；「法布施」，是指以分享正法來幫助別人；「無畏布施」，是指願意不顧自己安危去解除別人的驚嚇與恐懼。

整部《金剛經》對布施著墨甚多，認為布施，是累積福德很重要的方式。包括：「寶布施」，捐贈金銀珠寶助人；「身命布施」，捨身為人；「法布施」，以書寫、受持、讀誦、替人解說等方式提供服務；「無相布施」，付出時，不執著於形式，也不覺得自己在奉獻。

以經文字面上的解釋，願意拿出金錢、財物、珠寶來幫助別人，是最基本的布施，但讀者其實不必受限於表層的意義，而產生「有錢，實在很了不起！」或「有錢，沒什麼了不起！」這兩種極端的評論。

捐贈金錢，不在於絕對數字的多寡。經濟不寬裕的人，哪怕只是捐出一點很

小的金額，都很可能是他身家財產很大的比例。再說，捐錢並不只是把錢財拿給需要的人而已，如果收到這筆捐款的人，是用這筆錢去做對大眾有幫助的事情，例如教育、研究、消防、醫療，就等同於擴大捐錢的影響力。

有錢出錢，看似簡單，其實難的不是錢，而是要捨得為別人付出。首富捐款，實力不容小覷；但對於某些「視錢如命」的人來說，一旦起了善心、開了智慧，願意捐款時，斷捨錢財的決心，就像「身命布施」那樣值得尊敬。

「須菩提！於意云何？若有人滿三千大千世界七寶，以用布施，是人以是因緣，得福多不？」

「如是，世尊！此人以是因緣，得福甚多。」《金剛經・法界通化分第十九》

【譯】「須菩提，你會怎麼想呢？如果有人把充滿三千大千世界的七種珍寶，拿來布施，你認為這個人因此而得到的福德多不多？」須菩提回答：「是的，世尊！這個人因此而得到的福德非常多。」

捨命，為君子

拿身軀血肉來為別人付出，是從無私到無我的鍛鍊。

小黎沒耐性、很怕熱、又討厭曬太陽，卻陪珍珍漏夜去排隊搶演唱會候補的門票，最後在下午兩點多幸運得手。

付款取票之後，小黎對珍珍笑說：「我可真是捨命陪君子。」與事實相較之下，當然是浮誇了，沒到要命的程度，心意上倒是很足夠。

有些比較年輕的朋友，若對典故不熟悉，常會把這句成語的「陪」字混淆，誤植為「賠」，雖不是正確的用法，但意義上確實是有些聯想。即使賠上自己的性命，也要成全對方的夢想。

「捨命陪君子」的典故，出自戰國時期的兩位朋友，左伯桃與羊角哀。他們結伴去楚國求見楚莊王，途中遇到大風雪。兩人的衣服單薄，糧食不夠。左伯桃為成全好友，把自己的衣服和糧食，奉獻給羊角哀，自己躲進樹洞中自殺。後世就把「捨命陪君子」這個典故，引用於犧牲自己的某些東西，去陪他人做某些事情，也就是生死與共，最後寧願成全對方的意思。

《金剛經》提到的「身命布施」，帶有這個意思，但意義更加寬廣深厚一些。現代有些法師為了廣傳佛法，讓信眾一聽就懂，講經時的舉例，都盡量選日常生活中可以親近民眾的場景，甚至刻意帶點幽默感。例如，我曾聽一位法師舉例說，蚊子來叮咬，你有好生之德，捨不得打死牠，寧願讓牠吸一口血，飽餐一頓，延續幾天的生命，這也可以算是一種「身命布施」。

佛陀的本意是否如此？我不確定，但至少這是個有趣易懂的比喻，即使不全中，亦不遠矣。有一位讀者，連續二十幾年來，都很支持我的文字作品、實體講座與線上直播。眼看他從一名單身男子，走向結婚之路，成為人夫、人父，內心為他祝福之餘，也很感佩他對工作的熱愛與付出。

他，是一位消防員。早年因為熱愛消防工作，主動報考而如願進入消防隊。儘管母親十分擔心他工作上必須承擔高度風險，常勸他回家幫忙工廠的生產與管理，他還是不為所動，堅守於自己的崗位。

基於多年的友誼，我像家人般關心他。每次在電視新聞報導看到火災現場，我都目不轉睛地留意畫面，祝禱所有參與救災的消防員和受災戶，都平安脫困。

● 布施的形式不同，但都可以累積福德

消防員的工作，就是很典型的「身命布施」。先不要說真正發生事故的緊急狀況，就算是平常相安無事的日子，家人還是為他的工作安危提心吊膽，就怕突然發生萬一，心理上必須隨時做好準備，以便有個因應。

上課時，有學員認真提問：「上班族為公司賣命爆肝地加班，算不算是身命

布施？」我之所以強調認真提問，是為了避免讀者誤以為他在搞笑。無論社會大眾對工作價值的看法有什麼變化，相對於「躺平族」、或「安靜離職（Quiet quitting）」（意指：僅完成最低標準的工作態度），還是有些熱愛工作者依然在崗位上鞠躬盡瘁，甚至真的就發生「過勞死」的遺憾事件，這樣算不算是「身命布施」呢？《金剛經》講的布施，是指沒有私人目的、不求對方回報的付出。工作，本身是有薪酬的。照理說，就算做到「死而後已」都好像不能視為布施。

但如果這位工作者的職位是責任制，根本沒有任何加班費，主管並沒要求他要做到夜以繼日的地步，純粹是因為他非常熱愛這份工作，完全不求升官發財，主動把責任心發揮到極致，因此健康或生命受損，就可視為「身命布施」。

當然這只是用來舉例和討論，沒人會願意看到在工作上發生遺憾的事件，但確實很多人的工作，存在高度風險，已經很接近「身命布施」，自己一定要看得清楚，想得明白。若一切付出都是心甘情願，無形中也提升了工作價值的層次，不再只是賺一份薪資，而是啟動了布施的心念，將會得到福德。

●即使是身命布施，可以是單純到只是為了愛

還有學員曾經問我：「父母生養子女，算是身命布施嗎？」尤其想到每位媽媽都要經歷懷胎十月的千辛萬苦，並承受生產時的性命風險，還真的應該把生兒育女，直接列入「身命布施」。但再看看《金剛經》對於布施的詮釋，是指沒有私人目的、不求對方回報的付出，甚至連福德都不要了，因此要勉勵父母對子女，應該抱持單純的生養、單純的愛，不要有傳宗接代、望子成龍、望女成鳳、養兒防老等心態。

讓愛回到最初，所有的付出，本來就不必懷有私人目的、也不用指望對方回報。正如同在高齡化的社會趨勢快速發展之下，越來越多中年子女主動或被動加入照顧者的行列，付出自己僅剩的青春。若要說是為了盡孝、或回報父母養育之恩，往往令人覺得沉重。如果能夠單純的只是為了愛，無關於父母過去做過什麼，所有的家庭恩怨，都可以因為和解而放下，不值得再多計較。

古人是「捨命陪君子」；現代人可以「捨命，為君子」。之所以願意拿自己身軀血肉來為別人付出，即使是沒有血緣或不認識的人，都可以心甘情願，只因這正是從「無私」到「無我」，最深刻的鍛鍊。

若有善男子、善女人，初日分以恆河沙等身布施；中日分復以恆河沙等身布施；後日分亦以恆河沙等身布施，如是無量百千萬億劫，以身布施。——《金剛經．持經功德分第十五》

【譯】如果有善男信女，在一日之間，早晨、中午、晚上，都以像恆河沙不可細數般來做身命布施，經百千萬億劫之久，每天三次都如此不間斷地布施，會得到福德。

最高明的付出，是讓人毫無壓力

給他魚，不如給他釣竿；給他釣竿，不如教他釣魚。

以付出自己的心力或資源來幫助別人，也就是布施，形式有很多。《金剛經》裡述及的布施，包括：「寶布施」，捐贈金銀珠寶助人；「身命布施」，捨身為人；「法布施」，以書寫、受持、讀誦、替人解說等方式提供服務等。甚至在經文的很多段落，還提到「法布施」所受到的福德，遠遠更甚於前者。

例如：「若三千大千世界中，所有諸須彌山王，如是等七寶聚，有人持用布施；若人以此《般若波羅蜜經》，乃至四句偈等，受持讀誦、為他人說，於前福德百分不及一，百千萬億分，乃至算數譬喻所不能及。」〈福智無比分第二十四〉

這段經文的大意是說，如果有人以三千大千世界中，所有須彌山（類似珠穆朗瑪峰那樣巨大的高山）所堆積的七種珍寶來布施；另有人是以受持、讀誦《金剛般若波羅蜜經》，並且為他人解說，哪怕只是以四句偈宣講來布施。前者所得到的福德，不及後者的千百萬億分之一，甚至是算數譬喻所不能相比的。

很多學員讀到這些段落，既驚喜、又疑惑。

驚喜的是，**未必要擁有很大的財力，才能布施；光是抄寫、讀誦、修持、宣講經文，也能布施**。而且，所得到的福德，更甚於前者。

疑惑的是，佛法不是都強調平等、無差別待遇嗎？如果真要做這樣的比較，那對於富人付出金額龐大的錢財來說，豈不是未盡公平，而且略有不敬呢？

我反覆讀誦《金剛經》，並參考其他佛學經典，所得到的心得是：佛陀授課時，為了讓大眾明白，並給予適當的鼓勵，會用各種比喻的方式來解說。以上幾種布施形式的比較，未必是要分出高下，而是不同層次的解析。

若以現代所謂的「影響力」或「CP值、投報率」來說，「法布施」確實是很有效果的選項。但畢竟每個人的天賦與才能不同，擁有的條件也不一樣，如同「有錢出錢；有力出力」的概念那樣，可以各司其職、各展所長的去弘揚推廣善知識。而且，各種形式的布施，有可能是互通的。例如：有錢人捐款，助印或購買經書，透過相關單位去講授，開導民眾生出智慧，這樣的「寶布施」，就和「法布施」的意義與價值連結起來了。

●付出，是一個捨棄自我執念的過程

更何況，《金剛經》除了講解「寶布施」「身布施」「法布施」，緊接在後的，還講到「無相布施」，不拘泥於付出和獲得的形式。包括：誰從自己身上割捨了什麼也就是「施者」；誰從別人身上得到什麼，也就是「受者」；以及「給予和獲得的東西」。這三者是什麼，都不重要。最後，連福德也不要了。來來回回，什麼都不是、什麼都沒有，所以什麼都不用執著。

佛陀這樣講解布施的層次，是很高的教學技巧。先以不同的層次，引人入勝之後，再來一記回馬槍，讓學生通透「空」的道理，當頭棒喝之後，即使是再頑固的人，都知道要學會放下。

熱心想要幫助別人，固然是好事，但若能深思熟慮，就能避免淪為一時的煽情或雞婆。社會上常有一些感嘆自己「好心沒好報」的新聞事件，有些人甚至做好事還惹來非議，往往就是因為這片好心，純屬一廂情願，沒有考慮別人的觀感和需求。明明出發點是好的，卻徒留遺憾。

小雨在郊區開古早味麵館，生意還不錯。行有餘力，她推出「待用麵」愛心專案，號召有能力贊助的顧客，多付一碗麵的錢，提供給社區附近的弱勢家庭。她的立意良善，也獲得熱烈響應，但執行細節沒有規劃清楚，幾個星期後，就亂了套。有人不明就裡，質疑她帳務不清；也有貪小便宜的民眾，明明生活還過得去，卻每天來免費吃麵。

感慨萬千的她，恍然大悟地對我說：「給他魚，不如給他釣竿；給他釣竿，不如教他釣魚。」雖是一句老話，卻在她被誤解後，很有啟發。她改以每天釋出「洗碗工」「外送員」等工作機會，以打工換食並加津貼的方式幫助弱勢，雖然沒有能夠照顧到更多人，但至少可以幫助參與者解決吃飯問題，並培養自信與才能。

● 為別人開啟智慧，不覺得是自己把他教會

給人一條魚，確實可以立即提供一頓溫飽；給人一支釣竿，進一步讓他自食其力；教他如何釣魚，則是一起創造無窮的希望。

這也是為什麼佛陀鼓勵民眾宣講佛經的要義，因為這樣做可以帶來更深更遠的影響。讓閱讀這些經文、並據以修持及幫忙推動宣傳的人，都能肯定自己的價值，了解分享的意義。

就像在學期間成績很好的學生，把自己已經學會的知識或技能，教給其他還不會的同學，經過講解與問答的過程，自己記得更清楚，訓練表達的能力，也獲

得更好的人緣。教學相長，不但沒有損失，還收穫更多。

也如同家庭教養，父母叨叨唸唸再多，都比不上自己親自示範。言教不如身教，而**最成功的身教，是根本不覺得自己有在教**。

最高明的付出，是讓人毫無壓力。「施者」與「受者」，與其相濡以沫，不如相忘於江湖。**大恩，不言謝！若要報恩，就去幫助其他更多的人吧**。

是福德，即非福德性。是故如來說福德多。——《金剛經．依法出生分第八》

【譯】這些因為捐獻金銀財寶所得到的福德，是有形的布施，固然可以得到所謂的福德，但他所得到的，並非福德的本性。只不過為了讓世人了解布施的意義，所以如來還是說：這個人可以得到很多的福德。

累積福德，抵消業障

不必擔心被分享福德；要慶幸早日清償所欠。

父親驟然離世，我經歷極大的悲痛，開始更深一層研究生死學，並在正信佛教中學習解脫煩惱。其中，以抄寫、念誦經文，迴向給往生的父親，並祝福正在調養身體的母親，是我每天例行的修身功課。

當時資質淺薄，難免會受到別人的影響。有一次，電視節目聽見一位師父說，開車時若播放佛經，整輛車子都會變得很沉重，因為沿途吸附十方法界眾生前來聽經。在尚未能確定那位法師之所以有此一說的動機之前，我告訴自己不能妄下定論，但心頭還是浮上陰影，疑惑著：以後我還能無所罣礙的誦經嗎？

那一年的清明節前幾天，我負責載送家人前往墓園祭拜父親，照例在塔位前念誦一部《阿彌陀經》迴向給父親。突然想起那位法師的話，擔心剛剛誦經的時候，會不會所有葬在這墓園的往生者，都會前來與之共振？

離開墓園。下山路途遙遠，已近中午用餐時間。我先送家人到位於老街的餐廳點菜，再去附近找停車位。行經轉彎處，竟飛來橫禍。一位機車騎士，從我沒能看到的視線死角，快速迎面而來，彼此閃避不及，他整個人騰空彈起，拋落於地面。短短不到幾秒鐘時間，我無法意識到究竟發生什麼事？腦海卻浮現那朵被師父語出驚人所帶來的烏雲：難道，我在墓園誦經，反而替自己招來厄運？

我本能反應地急忙下車察看，並準備通知交通警察前來處理，沒想到那位機車騎士，竟毫髮無傷地快手快腳從地面彈跳起來，活生生地站到我面前說：「先生，請你不要報警，我好好的，沒受傷。你的車看起來也沒什麼嚴重，輕微擦撞的痕跡而已，求你放我走！」

確定他沒有受傷後，我從車上拿出紙筆，雙方在現場簽了自願和解書，也了解他怕我報警的原因：無照駕駛。他獨自一人在家，負責照顧八十幾歲中風的阿公，騎車出來買午飯，不小心釀禍。而我們竟能快速從此業障中，各自解脫。回頭想想，或許應該要歸功於平日抄寫、念誦所累積的福德。

●信心堅定，不斷持修，以福德抵消業障

民間流傳：抄寫、讀誦、修持、宣說《心經》或《金剛經》等經文，可以累積福德，消除業障。有些朋友卻半信半疑，或受限於同樣來自民間傳說的禁忌，遲遲沒有開始。常會受到阻礙的流言，包括：若自己修行不夠，會吸引無形眾生前來要求分享；若抄寫或讀誦的時間地點不對，同樣會被妖魔鬼怪取走等。

直到我研讀《金剛經》，才發現佛陀已經提供明確的解答：抄寫、讀誦、修持、宣說經文，確實可以累積福德，抵消業障。有段經文：「善男子、善女人，受持讀誦此經，若為人輕賤，是人先世罪業，應墮惡道。以今世人輕賤故，先世

罪業，即為消滅，當得阿耨多羅三藐三菩提。」──〈能淨業障分第十六〉

這段經文的大意是說，如果有人受持讀誦此經，非但沒有得到天人恭敬，卻還被人輕賤，是因為前世罪業深重，來世將會墮入三惡道中受苦。如今以持經讀誦的功德，減輕罪業，今生被人輕賤，用來相互抵消。所以，根本不用擔心無形眾生前來分享福德，只希望該還的都能早日清償。

如果你努力修行，做很多好事，卻感覺自己一直不夠幸運，沒有得到好報，請千萬不要氣餒！或許在無法得知的宇宙維度，你已經幫自己還了很多欠債。

受持讀誦此經，若為人輕賤，是人先世罪業，應墮惡道。以今世人輕賤故，先世罪業，即為消滅，當得阿耨多羅三藐三菩提。──《金剛經．能淨業障分第十六》

【譯】一心修持讀誦《金剛般若波羅蜜經》，如果反而因此受到別人輕視嘲諷，此人前世罪孽深重，本來應該墮入三惡道，但因現世遭人輕賤，才使宿業得以抵消，可以證得無上正等正覺。

真正的愛，是成全對方無條件做自己

善用減法的付出，讓彼此相處更自在。

敏敏非常熱心公益，長期資助國際組織的孩童認養計畫，十幾年來不間斷提供很多弱勢家庭的學生經濟援助，而且還以固定持續的贊助方式，幫三位學生完成從小學到大學的學業。

原本按照組織的規定，每年要輪替不同的孩童接受贊助，但在因緣際會之下，敏敏不但定期捐款給其他孩童，還能很幸運和這幾位學生保持書信連絡，一路見證他們的成長。

先後收到這幾位學生的大學畢業照片，敏敏感慨萬千地對我說：「好像隔著地理和血緣的距離，我比較可以更客觀的了解他們的需要，給予他們必要的幫忙和鼓勵。反而在自己親生孩子身上，父母的控制欲都比較強。」

其實我滿佩服敏敏，能夠如此理性而平靜地覺察自己，並且更中立地審視她和孩子的關係。她的兒子，今年剛考上公立大學，但不是喜歡的科系，才剛入學就吵著要休學，想中斷學業到國外去看看。

敏敏希望孩子能先在本地完成大學的學業，她認為四年很快就會過去，將來用這張公立大學的文憑，比較容易申請到海外名學校，繼續碩士的學程。

親子見解不一，溝通常卡關。敏敏深自反省，知道自己潛意識中，存在「錢都是老娘出的，你還敢這麼不尊重我」的陷阱，但一時之間就是很難跳脫。

她問我該怎麼辦？我即興發揮，脫口而出：「**真正的愛，是成全對方可以無條件做自己**。」她乍聽之下皺眉，我知道她對心靈雞湯免疫，於是搬出佛陀的教誨，翻到《金剛經》裡的這一句：「若菩薩心住於法而行布施，如人入闇，即無所見；若菩薩心不住法而行布施，如人有目，日光明照，見種種色。」與她互勉。

這段經文的意思是說：如果菩薩的心裡，還執著有一個可布施的法，並依此來行布施，就像一個人陷入黑暗中，什麼也看不見。如果菩薩的心能夠不執著於固定的形式而布施，就像人有雙明亮的眼睛，在光天化日下，就可以清晰洞察一切萬物。

敏敏聽完這段解釋，瞬間點頭稱是，願意回家好好傾聽孩子的心聲。

● 當局者迷，旁觀者清！差別就在於前者「有我」，後者「無我」

無論對於陌生人或熟悉的親友，我們付出的時候，都是以「加法」思考出發的，也就是：「我能給他什麼？」我們比較少從「減法」的方向去設想，也就是：「我該怎麼做，才能降低自己的貪執、減少對方的煩惱？」

越是親近的人，越想要給他飽滿的愛，深怕付出得不夠，自己就顯得失職。直到對方喘不過氣來，彼此關係變得緊張，還會怨嘆：「好心被雷親！」

這往往是因為我們對親近的人付出，比較容易站在自己主觀的想法思考。連「害怕自己失職」這個立場，都是很「自我」呢！也就是把自己放得比對方更前面、更重要。一旦有了「我覺得這樣付出，才是對的！」就陷入「心住於法，而行布施」的模式，便會心生煩惱。因為自己把心給蒙蔽住，不見天日，所有的決策就變成在黑暗中瞎搞。

當「自我」存在的時候，所有的利害得失都是片面的觀點，無法看清大局，也就是所謂的「當局者迷」。所以充滿智慧的佛陀，才用《金剛經》來勉勵大家，在付出的時候，一定要放下自我，以獲得真正的知見，猶如「旁觀者清」。

若菩薩心不住法而行布施，如人有目，日光明照，見種種色。——《金剛經．離相寂滅分第十四》

【譯】如果菩薩的心念，不執著於法相，而進行布施，就像一個人張開眼睛，在日光照射之下，可以洞察萬事萬物的種種現象。

真正的愛，是成全對方無條件做自己

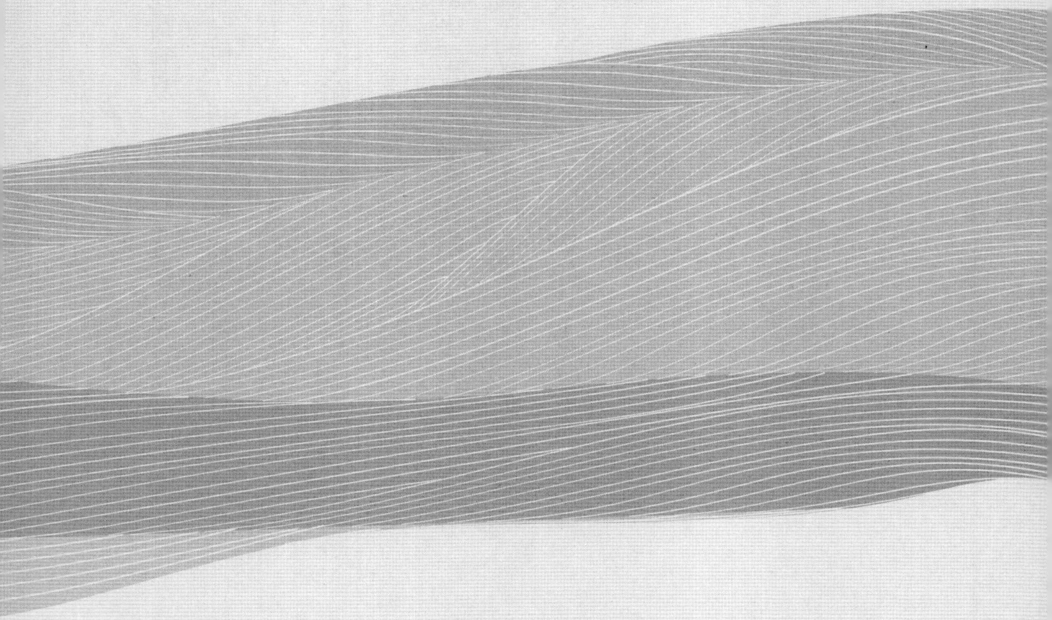

Part 4

無住生活

放下執念，才能活出自在的人生

你的心就是神聖的殿堂

讀誦抄寫經典，只要沒有恐懼罣礙，隨時隨地綻放光芒萬丈。

好幾年前，受邀到台灣一所離島偏遠的學校演講，當時的建築因為年久失修，日前又遭遇颱風襲擊，不但沒有制式的講台，教室的屋頂還只剩一半，十二扇窗戶中有七扇毀損，幾乎每一格窗櫺裡的玻璃都破裂。

正因為景象如此特別，讓我至今印象深刻。

後來再次到訪，校舍已經全部改建，我站在有模有樣的講台上，內心浮現十分慎重與百般珍惜的儀式感，懷想起過去曾在同一個場地演講，穿越不同的時空背景，問自己：「我對教育所投入的熱情，是否還跟當初一樣？」

即使熱情未減，可能也有所不同。畢竟，昨天的我都已經和今天的我不一樣，更何況相隔十年的時光。與其執著於深究自己的變化，不如臣服於生命的流動，在自我精進的路上，可以更加肯定地向前走去。

無論自學或教學，效果是否會受到環境所限？我只能說，**每個人的學習，受外界影響的程度不一，關鍵在於自己的決心**。

就像很多想要自我精進的朋友，在讀誦抄寫經典時，難免會升起恐懼罣礙。我常被問到：「在臥室裡可以讀經嗎？」「夜間可以抄經嗎？」「讀誦抄寫經文時，要避免哪些事情，才能得到真正的福德呢？」以上這些都是很好的問題。有趣的是，年少時的我，沒顧慮那麼多，想做什麼就去做，好像也沒出大錯。

倒是經歷過幾次巧合的或靈異的事件後，我曾經變得比較保守，開始參考坊間的提醒，像是：讀誦經文時，會吸引有形和無形的眾生來聽經，如果自己的修行不夠，很容易被纏上。還有，最好不要在夜間抄寫經文，以免與其他不相干的靈體共振，所有抄經的福德，都被對方奪走，徒留內耗的自己。

這些讀誦抄寫經文的禁忌，聽起來也夠嚇人了吧。而且據我所知，類似的訊息不只在民間流傳，某些出家的師父也會照此提醒信眾。

● 凡事恭敬虔誠地對待，就具備神聖莊嚴的意義

基於多年來的學習經驗，我無法武斷地給予「在臥室裡可以讀經嗎？」「夜間可以抄經嗎？」等問題絕對的答案，但根據心理因素的推論，我所奉行的原則是：**只要環境整潔安靜，而且無礙專注用心，就可以自在地讀誦抄寫經文**。

否則，很多朋友會受限於居住空間狹窄、工作時間輪動，想讀誦抄寫經文都會心生罣礙。因為真正會影響效果的，並不是環境或時間，而是自己心裡的擔憂害怕。把明明是一件單純美好的事情，光靠想像就能與妖魔鬼怪連結，無異於庸人自擾。

站在理性的觀點，那些說「臥室不能讀誦」「夜間不能抄寫」的禁忌，聽起

來都與「容易想睡覺」「無法專心」有關，並非什麼嚴重不得了的問題。至於其他最常被提及的罣礙，很可能是「有欠虔敬」「不夠莊重」等顧慮，《金剛經》的經文提供可以參考的解答：「若是經典所在之處，即為有佛，若尊重弟子。」

這句經文意思是：只要是般若經典所在的地方，就有佛在，還有受人尊敬的佛弟子同在。也有學者主張，這句經文的「佛」在，不是指釋迦牟尼佛，而是「覺悟」的意思。佛經翻譯，各有見解，我們在此就不介入爭議，否則就陷進是非對錯的執著。以恭敬的角度切入，兩者的意義，相去不遠，可以一起參考。

我一直相信：每顆心，就是神聖的殿堂。讀誦抄寫經文，只要沒有恐懼罣礙，隨時隨地能如在廟塔般綻放萬丈光芒。

至於「讀誦經文時，要避免哪些事情，才能得到真正的福德呢？」這個問題。答案還是剛剛那一句話：「沒有恐懼罣礙！」就算把讀誦抄寫經文的功德，分享給有形無形的眾生，只要透過正確的迴向，你也不會有任何的損失或傷害。

更何況，無論是佛學或靈性學，道理是相通的，**當你不求福德，福德自來。**

當你斤斤計較，一邊讀誦抄寫經文，另一邊很忐忑，既憂慮自己吃虧、又害怕被別人占便宜，一旦心生起這些煩惱罣礙，就不得清靜，雜念就容易與不同頻率的磁場共振。

在這樣情境下讀誦抄寫經文，根本無法靜心，所有的讀誦抄寫只剩下形式，失去理解與實踐的內涵。雖不能說完全沒有福德，還是要回來叩問自己，做這件事情的意義是什麼？若能排除內在的恐懼，清理潛意識裡的匱乏感，再繼續讀誦抄寫經文，一定會更加安心自在。

若是經典所在之處，即為有佛，若尊重弟子。——《金剛經．尊重正教分第十二》

【譯】這部般若經典所在的地方，就有佛在，並有佛陀的聖賢弟子隨侍同在，應當恭敬尊重。

每個人的學習，受外界影響的程度不一，
關鍵在於自己的決心。

沒有一定要怎樣，人生才會更多樣

儘管世界變化無常；去除妄相、割捨執念是不變的真理。

天災人禍頻傳，身處「無常，就是日常」的現代，該如何做才能「處變不驚」呢？若抱持「以不變應萬變」的態度會有什麼問題嗎？

先別說是天災人禍那麼多了，只要是曾經或正在經歷，像我這樣擔任居家照顧者的人來說，對「無常，已經是日常」的生活型態，一定相當有感。甚至常常覺得自己已經變成「驚弓之鳥」，若發現長輩的身體健康狀況一有點變化，就見微知著地明白，要做好心理準備因應，並立刻採取行動處理，否則事情常常一發不可收拾，變得加倍棘手。

就以前幾天我親身經歷的例子來說吧。朋友送來一顆知名品牌的珍貴的肉粽，我當下馬上拿出來孝敬母親，她對這種糯米製作的傳統美食興致高昂，不分春夏秋冬。

蒸熟後熱騰騰的肉粽香味四溢，要拿出電鍋在室溫中稍稍冷卻，口感才會更加Q彈。對於喜歡美食的老媽來說，短短等待幾分鐘，都是難耐的煎熬。

等到肉粽正式上桌，果然因為期待而醞釀更多的驚喜，媽媽讚嘆著：「香菇厚又香！」「干貝非常鮮美。」接下來是小小歡呼：「魷魚好大片！」咀嚼幾下，然後……她的一顆臼齒就掉下來了，可以預見她之後的連續幾天，都無法好好進食，而且必定情緒變得暴躁。因此我瞬間警覺，必須立刻採取行動。

突發的意外狀況，不只打亂一天的行程，甚至波及兩個星期到一個月的工作與照顧安排，從預約她熟悉而且堅持指定的牙醫，到透過朋友幫忙情商醫師同意提早到院看診，再挪動就醫當天的其他門診時間，著實耗費許多時間與精力。

好友不理解地問：「遇到這樣的緊急狀況，就隨便在社區附近找個牙醫處理就好，何必先千辛萬苦找媽媽熟識的牙醫師？」

很有道理，他說的確實沒錯啊。但老人家總有自己的堅持，加上過去曾經有過不好的經驗，被不熟識的牙醫師以商業手法處理，圖謀私利卻沒把她的牙齒弄好，她就更加堅持要等熟識的牙醫師門診，我也只好順著她的心意。

●若只是故技重施，未必每次效果都一樣

俗話說：「一樣米養百樣人！」作為一個身經百戰的家庭照顧者，我對這句話應用於對治身體健康的感觸特別深刻。

媽媽有第二型糖尿病，必須控制血糖，平時幾乎不讓她接觸糯米食品，偏偏她就特別喜歡。怎知道，偶爾貪嘴就因為一片魷魚出事。對高齡近九十歲的她而言，顆顆牙齒都萬分珍貴啊。但牙齒就像青春，一去不復返。

還有糙米，也令我印象深刻。之前為幫助媽媽控制血糖，從網路上與街坊鄰

居道聽塗說，取得並不百分之百真確的資訊：「吃糙米，降血糖」從此家裡不再買白米，三餐都改用糙米。過很多年才知道，這對腎功能不佳的病患並不適合。

一個人的美食；可能是另一個人的毒藥。

我常在廣播節目訪問不同的中醫師，請以他們的專業學養來看中醫與西醫有什麼最大的差別。得到的答案雖不是絕對，但比較起來確實中醫傾向治療「一個人」；而西醫多半聚焦於治療「一種病」。若把治療的觀點放在「一個人」，面對「一種病」時，開出的藥方成分與比例，就會因人而異，每個人都會不一樣。

因此，我們可以從此得到一點啟發：**不該執著於特定的方法，也不必沉迷於既定的成功之道，不要以為每次故技重施，就都一定會有同樣的效果。**

就像我的高齡母親非常依賴她熟識的牙醫師，我也百分之一千地尊重、敬佩、感謝這位牙醫師對我媽的照顧。但他畢竟已經七十幾歲了。倘若有一天決定退休，不再執業，老母還是要有可能換牙醫師的心理準備，不能過度執著，否則將來痛苦的不只是牙齒，可能心情都很難受。

● 不要執著方法；而是要接納自性

「如來所說法，皆不可取、不可說；非法、非非法。所以者何？一切賢聖，皆以無為法，而有差別。」《金剛經》這句經文中的「無為法」是相對於「有為法」的概念。

「無為法」指不會隨因緣變化而出現、變化及消失的法，即「不生不滅、無來無去、非彼非此」之法，是涅槃的另一種詮釋。

我在這句經文中學到：修行所依持的法理，如同解決問題的方法，沒有固定不變的形式，因人而異、因事順變、因地制宜。中醫看診，即使是相似的病症，因為病人體質不同，給的藥方就不一樣。所以，不要執著於固定的方法。一旦問題解決，就把方法放下；當病好了，身體痊癒，就不必再服藥。

沒有一定要怎樣，人生才會呈現更多元的樣貌。世界確實很多變；去除妄相、割捨執念是真理不變。

至於問題能不能解決、生病是否痊癒？就要看每個人在過程中學習程度不同而有差異。就像治療疾病，藥效如何，因人而異。該在意的並非藥效，而是從根本照顧好自己的身心，並接受人有生老病死的事實，即使生病都能活得自在。

如來所說法，皆不可取、不可說；非法、非非法。所以者何？一切賢聖，皆以無為法，而有差別。——《金剛經．無得無說分第七》

【譯】如來所說的法義，不可以從表面上論斷而執意獲取，只能靠心領神會，不是言語所能詮釋。既不是一切存在的現象，也不刻意執著於否定一切現象。為什麼呢？因為一切賢聖所修習的，都是超越因緣變化的「無為法」，隨各人修行的程度深淺不同，得到的體會與證悟就有所不同。

成功，只是虛擬的天花板

一山，還有一山高。別把一時的成功，當成永遠的頂標。

我過去經歷過無數的挫折；但偶爾也有一些達成目標的時刻。仔細回想這些結果揭曉的時候，無論是失敗或成功的片刻，究竟心情如何？坦白說，有些奇妙的感覺。我天生好像有一種特質，很容易在當下就接受已成定局的結果，不會和老天討價還價，心想：「既然事實已經是這樣，就趕快想想下一步要怎麼走！」

無論結果是失敗或成功，我的反應都是如此。而且我失敗的次數遠遠多過於成功，能夠不把自己內耗在懊惱、究責、抗議上，真是不幸中的大幸。大學念了「管理學」，才知道我面對失敗的心態算是很正向的。**一個人只要不糾結於「沉**

沒成本」，接受失敗的那一刻，就已經是最佳停損點。失敗，只是一時的，並非永遠都會如此，即使常常失敗，還是可以把這些經驗當作成長的養分。

至於，偶爾成功地達成目標的時刻，我又是如何面對呢？老實說，我都很平常心，連歡天喜地的激動或愉悅都很短暫，很低調地馬上回到生活的正軌。

之前還曾被一位很關心我的長輩溫馨地指正：「這是非常難得的成果，一定要好好開心地享受此刻的榮耀啊！」我才慢慢修正自己過於內斂的態度，安於接受慶賀與祝福。但還是沒有太過於把已經達成的目標，當作象徵成功的紀錄，頂多就是慰勞一下盡力的自己，感謝上天賜予成全的機運。如此而已。當隔天太陽升起，又是新的一天，很快讓自己重新歸零。

後來在其他很多不同的經驗裡，我多次體驗到同樣的感受。例如，為某個專案全力以赴地準備很久，過程中有體力的疲累，也有心情的煎熬，心裡總會想著：「等專案完成後，一定要好好慶祝，並讓自己好好放鬆！」但是等到專案真正完成的時候，卻只是覺得責任已了，並沒有太激動的情緒。

●獲得成就，立刻歸零；回到初心，重新開始

像這樣很快把好不容易費盡心力得到的成果，迅速歸於平淡的特質，會有什麼好處嗎？我在《金剛經》裡有幾次在不同段落讀到，佛陀與須菩提的對話，都有類似的問答。邏輯大致如此，問及：「這樣就得到修持的成就嗎？」答案都是：「沒有，什麼也沒得到。」其實佛陀並不是要否定修持的成果，而是得到之後隨即放下。藉此也可以提醒自己，絕對不要貪執。

例如：「須菩提，於意云何。如來得阿耨多羅三藐三菩提耶？」〈無得無分說第七〉：還有「須菩提！於意云何？須陀洹能作是念，我得須陀洹果不？須菩提言：不也！」〈一相無相分第九〉；以及「於意云何？如來昔在然燈佛所，於法有所得不？不也，世尊！如來在然燈佛所，於法實無所得。」〈莊嚴淨土分第十〉

若明明在修持的過程中有學到、或有收穫，為什麼學成後要當作什麼都沒有呢？以學習的角度來看，至少有以下兩項好處：

一、**維持「求知若渴」的謙遜，讓自己永遠保持精進的動能；**

二、**不固守於已經學到的知識，隨時可以推翻、變化、創造。**

如同《心經》也提到過的「無智亦無得」，都是在勸勉世人，不要執著於已經到手的東西，不論是智慧、學位、榮耀、財富……道理都是如此。**因為不貪執，才能沒有罣礙，也就不會有得失心的壓力，讓自己時時刻刻都可以回到初心，一切歸零，重新開始。**

觀察體壇上諸多運動選手，發現兩種現象：有一種選手，奪得國際性比賽重要獎項，集全世界榮耀於一身，成為相當被看好的目光焦點，接了很多商業廣告代言，沒想到運動生涯，開始走下坡，甚至緊接著連續拿到敗績，從此一蹶不振，最後提早離開運動界。

另一種選手，即使拿到獎牌，還是保持驍勇善戰的活力，活躍於各種類型的比賽，不受限於金牌、銀牌、銅牌，或是止步於八強，甚至首輪就被淘汰，都能毫無阻礙地迎接各種挑戰，不論面對成功、失敗，都能平靜自在。

●不要執迷於結果；放下，才能繼續往前走

我們從小被教導：追求成功，必須訂定目標。因此很容易直接把「成功」和「目標」緊緊綑綁在一起，或直接劃上等號。站在自我激勵的初衷來看，以達成目標與否，來定義成功，或許有它的效果；但問題是：若「目標」沒達成，就不算成功，這樣不就連努力的過程都被全盤否定。事實上，努力過程的體驗，比結果更有成長的意義。

還有另一個更大的麻煩就是：當達成「目標」，被公認大大成功之後，心理的潛意識，會替自己設下一層牢不可破的天花板，從此再難有所突破。

成功之所以變成魔咒，讓一個攀上高峰的人，注定從此走下坡，就是誤把一時的成功，當成永遠的頂標。而真相卻是：一山，還有一山高。

獲得成功的人，可以肯定過去的努力，也可以感謝上天賜予的運氣，但不要執著於結果。雖然它很珍貴，卻絕不會是最終的完美。因為下一段旅程，還有更

多奇蹟，等待發現。

成功，只是虛擬的天花板，它並非實質的存在。一個人若好不容易獲得階段性的成就，能夠不貪執於「我就是那個〇〇〇」，學著即時放下功成名就的自我，反而不會迷失自我，而是找回自我。

人生，是不斷輪迴在「找回自我、又放下自我」的過程。放下的次數越多，就越接近真實的自我。因為，真正的自我，就是無我。

所言一切法者，即非一切法，是故名一切法。——《金剛經．究竟無我分第十七》

【譯】佛法不拘泥於有無實虛，一般所指稱的一切法，也不盡然真正就是法的全貌，只是暫時取個假名借用而已，不要執著於它。

心心相印：一切盡在不言中

若能心領神會，語言和文字就已經多餘。

在電台節目訪問一位剛發表新專輯的知名歌手。幾位主持人私下盛傳，訪問他是一件很困難的挑戰。原因是：他不僅跳躍式思考，有時訪問到一半還會起身走動，並且不容易打開心房說真話……而難上加難的是，發片前不久他才被爆出一則負面新聞，雖然風波已經平息，但還是會影響聽眾對他的看法。

所幸他樂於文字創作，從自媒體和出版品中可以讀到他書寫的才華，在字裡行間多少能窺探他的內心世界，再加上音樂作品流動著靈魂的紀錄，我事前蒐集很多資料，期許自己能順利完成訪問，並盡量可以感動聽眾。

正式訪問時，我們相談甚歡，很明顯感受他放下武裝，暢所欲言地分享他的創作概念與近來的心情。訪談結束，他罕見地主動邀請合影，很親切地說：「我可以感受到你做了很多功課。」接著在新專輯簽名，並題字：「一切盡在不言中。」

他離開後，電台同事問：「他不是已經卸除心防，打開話匣子，爆了很多在其他節目沒爆的料，為什麼還題字：一切盡在不言中？」面對這個看似趣味、但挺有深度的問題，我只能微笑回答：「人生很多事，只能意會，無法言傳。」

我可以體會這位歌手的百感交集於萬一，這段期間他經歷比從前更多、也更深刻的酸甜苦辣，難得跑通告遇到懂得他心事的節目主持人，拿捏出剛剛好的分寸，讓他可以放心講聽眾想聽的事，也替他保留不欲人知的隱私。因此整集訪問，可以說是：「該說的、能說的，都說了；不該說的、不能說的，也都沒說。」

現代人日常溝通，非常仰賴語言和文字；大家卻常忽略語言和文字所能表達的概念，十分有限。語言和文字是溝通時重要的元素或工具，但如果過度依賴語言和文字，就會掉入表達與理解的陷阱。

溝通的另一種境界是，完全不需要語言和文字，就可以心領神會。通常出現在情人、伴侶、家人或朋友之間時，特別容易感受到彼此之間的親密，並解讀為「很有默契」。有時候，它也會發生在陌生人或剛認識朋友的互動。這種「無須多言、即可了解」的相處方式，令人特別覺得貼心，它需要有敏銳的觀察力、豐富的生命經驗，或相近的價值觀。

●不要拘泥於語言或文字的表面意義，才能保持彈性與判斷力

我照顧母親非常多年，和家人開車載媽媽出遊，停等紅燈時，我從後照鏡瞥見她的神情，問她：「媽，您想上洗手間，是嗎？」此時媽一定會說：「沒有啊，還好！」家人也會附和她：「不會吧，不是半個鐘頭前才上過。」我還是會就近找公園或商場，靠邊停車讓她進去如廁。媽就在家人扶持中，匆匆忙忙下車。幾分鐘後，再上車時，她露出「終於鬆一口氣」的表情。

家人問：「你怎麼看得出來，媽『又』要上洗手間！」再問媽媽：「您想上洗手間，幹嘛要否認？」此刻，真的無須多言，微笑帶過就好。我照顧經驗豐富，很懂得察言觀色，因此看得出來；媽媽之所以否認，是她不想增加別人的麻煩。

在教育現場的師生之間，也需要這樣的理解與默契。老師在暑假前宣導：「不要到沒有救生員的海邊游泳！」竟有學生天真地以為「那去溪河中戲水，就沒問題。」其實溪水暴漲的時候，比起在平靜的海灘玩水更危險。所有的原則與規定，都是講也講不完，需要舉一反三，並根據現實生活的狀況去變通及應用，絕不能拘泥於語言或文字之間，失去理性判斷的能力。

《五燈會元》裡有一則禪宗著名的公案，佛陀在靈山會上傳法，弟子都在等祂說話，祂卻始終沒有開口。佛陀隨即拿起一朵花，當下只有大弟子迦葉尊者，破顏微笑。這個典故，被稱為「拈花微笑」。主要的意思是：世間諸法，沒有固定的解說方式。**所有的語言和文字，都只是為了讓對方理解；如果彼此相知，就能將語言和文字省略。心心相印，一切盡在不言中。**

「說法者，無法可說，是名說法。」〈非說所說分第二十一〉是《金剛經》裡的名句之一。傳法的最高境界，是無上妙法不可說；若一定要說，也只是圖個眾生能理解其中奧義，之後在日常生活中體驗與實踐，最終還是得放下，不能把隻字片語當作唯一的憑藉，也不能過度執著而無法彈性變化。

● 語言和文字只能傳達表面的意思，還有更深度內涵需要心領神會

語言和文字，既是溝通的工具，也會是理解的障礙。究竟哪時候會是溝通的工具；什麼時候會變成理解的障礙？存乎一心。當有人不願溝通、不想理解的時候，用語言說得再多，以文字表達得再詳盡，都無法獲得對方的認同，甚至被惡意地斷章取義、或抓住話柄，做出與事實相反的解讀。

有句話說：「這個人說話不算話！」通常都被負面解讀為：此人沒有誠信。但以更廣義的人生哲學來逆向解釋，可以提醒自己：**不要被片面的語言所限制，**

不要執著於文字的表達，理解無常的生命裡，有很多狀況是此一時也彼一時，心領神會後隨即放下，才算是真正的豁達。

換個立場，如果有人曾經對你苦口婆心勸導，但又十分顧慮你的感受，事後說：「僅供參考，如果有不對的地方，就當我沒說。」固然是要你別往心上去，但重點就不是他說了什麼，而是你領會了多少。

說法者，無法可說，是名說法。——《金剛經．非說所說分第二十一》

【譯】傳法時的一切口說言談，是為了引導眾生解除妄念，必須隨緣度化、隨機講說，於是只好暫且假藉一個名義，稱之為「說法」而已。

月亮不可代表我的心

去除虛妄的念頭，保持想法淨空，讓一切思緒歸零。

經典老歌〈月亮代表我的心〉由翁清溪（藝名：湯尼）作曲，孫儀重新填詞後，先後由陳芬蘭、劉冠霖演唱出片，接著鄧麗君翻唱之後，在華人世界廣為流行。後輩華語歌手，如：齊秦、陶喆等，都曾翻唱，並收錄於專輯中。

近年來，五月天翻唱的版本，被用於影視劇集《華燈初上》的主題曲；此外，西洋、日本、韓國等音樂市場也有翻唱的作品。由此可見它的音樂旋律和歌詞意境，是多麼深刻地打動人心。

尤其是熱戀中的情侶，正當山盟海誓之際，聽見歌詞唱到「你問我愛你有多深，我愛你有幾分，我的情不移，我的愛不變，月亮代表我的心」時，應該都被浪漫的意境浸染到忘了理性思考：月亮雖然可能恆久存在，但畢竟初一、十五的型態都不一樣啊。

所以，如果要用月亮代表我的心，那會是怎樣的「心」？在什麼情況下，月亮不可代表我的「心」？而「心」究竟又是什麼呢？

《金剛經》經文裡有很多流傳甚廣的名言佳句，其中「過去心不可得，現在心不可得，未來心不可得。」（一體同觀分第十八）絕對可以名列前茅，深受讀者喜愛。後世把這句話，簡稱為《金剛經》的「三心不可得」。這裡的「心」，是從梵文的citta所翻譯過來的，指的是「抽象的思緒」，整句的大意是：**思緒隨著時間分分秒秒在流動變化，一切都是妄念而已，根本不需執著**。

佛陀慈悲地開示：眾生的心與佛陀之心本無二致，彼此的源頭都是一樣的。只不過眾生常因為隨業流轉，而忘了本心。佛不隨業轉，但為了悲憫眾生，仍視為同體而勉勵大家要一起滅度妄心。

《金剛經》「三心不可得」的「心」，這「抽象的思緒」是被大腦想出來的。而所有的思緒，都是從過去、現在到未來，念念相續，所以要時時刻刻予以斷捨，才能保持靈性的淨空，讓一切想法都歸零。

印度靈性大師奧修常提到：「不要相信你的腦，而要聽從你的心。」這裡的「心」，是指不接受大腦指揮的靈性，也就是把藉由大腦運作而產生的思緒，完全清空之後的狀態。在我個人的體會裡，比較像是《金剛經》裡「應無所住，而生其心」的「心」，也就是證得「無上正等正覺」的菩提心。

釐清「心」的意涵，再看「三心不可得」的時間軸：過去、現在、未來。一般人的煩惱，都是被過去已經發生的事影響而感到憂鬱，又對未來的不確定性而覺得焦慮，那麼專注於現在，真的就是終極的解決方案嗎？

現代心理學或靈性學，都提出「活在當下」「覺察此刻」的建議。這些理論聽起來很好，但學員做起來勢必碰到困難，因為所有的「當下」與「此刻」都在瞬間即逝，所以會更加困惑。

●斷捨自己與執念，連當下都不存在

幾位宗教大師與佛學專家講述《金剛經》時，都會引述《青龍疏鈔》的典故：住在中國北方的德山宣鑑禪師，對《金剛經》研究很深，並且做了註解，稱為《青龍疏鈔》。他對南方主張「頓悟成佛」不以為然，刻意帶著《疏鈔》到南方，想要駁斥「頓悟成佛」的說法。

他經過一家小店，賣燒餅的老婆婆好奇地問：「你肩上扛的是什麼啊？」

德山禪師回答：「《金剛經青龍疏鈔》。」

老婆婆說：「那我來考考你喔，如果你答得出來，點心就免費供養。」隨即提問：「《金剛經》裡有這幾句話：『過去心不可得，現在心不可得，未來心不可得。』請問大德，您來我的店要吃點心，您點的是哪個心？」

德山禪師愕然不知如何回應。

這個小故事，是要勉勵大眾：心只要不執著，就根本沒有過去、現在、未來之分。有一句話說：「亙古今而不變，歷萬劫而常新。」可見並沒有真正的過去、現在和未來呢。只要讓心能夠超越時空的限制，統整於一念，就能悟道了。

近年來開始盛行的「正念」，其實源自於佛法。「正念」並非正向思考，而是以練習呼吸等方式，保持觀照內在，覺察當下狀態，清空所有思緒，不抓住任何一個念頭，才能回到本心，與神合一。這樣想來，《金剛經》「三心不可得」的概念更超前於「活在當下」，只要任自我寂滅，也就沒有當下可執著了。

過去心不可得，現在心不可得，未來心不可得。——《金剛經・一體同觀分第十八》

【譯】過去的心，不可滯留；現在的心，不可執著；未來的心，不可預測。

思緒隨著時間分分秒秒在流動變化，
一切都是妄念而已，根本不需執著。

人生就像千層蛋糕

用最簡單的方式，詮釋最深刻的體會。

在整部五千多字的《金剛經》中，佛陀不止一次地反覆指示「四句偈」的重要性，包括：第八分、第十一分、第十二分、第十三分、第二十四分等，一而再再而三地提醒，就怕大家有所怠惰。祂並鼓勵眾生勤於讀誦並加以宣講，尤其是為人解說，可以獲得深厚的福德。

《金剛經》流傳多年下來，許多民眾確實遵循佛陀的教誨，透過讀誦、抄寫、宣講、解說、助印，讓這部經典流傳甚廣，有些人即使本身並非佛教徒，也未曾接觸《金剛經》經文，卻因為「四句偈」而受到感動，跟著奉持宣說。

所以後世許多學者，都幽默地讚嘆佛陀是一位「行銷高手」。這些「四句偈」，就像濃縮版的心靈雞湯，不但十分營養豐富，而且非常可口美味，容易消化吸收，確實是極有利於推廣。在我看來，《金剛經》根本是最早開始採用「金句行銷」的始祖，這些「四句偈」堪稱是整部經文內容的精髓，儘管奧義甚深，讀誦起來卻又十分平易近人。

究竟《金剛經》的經文裡，哪些段落是「四句偈」，其實佛陀並未明說。在一般人的認知裡，就是連著四句為一組，看起來字數或音律有對仗的句子。而其中最經典、流傳最廣的就是以下這兩句：

「若以色見我，以音聲求我，是人行邪道，不能見如來。」（第二十六分）

「一切有為法，如夢幻泡影，如露亦如電，應作如是觀。」（第三十二分）

其他類似的句子，還有：

「如來所說法，皆不可取，不可說，非法非非法。」（第七分）

「無我相、人相、眾生相、壽者相。」（第十四分）

根據佛學專家的研究，古印度的文體，大多是以四句讚頌的形式呈現，無論字數多少，只要是偈，就都以四句為偈。所以這「四句偈」，就是一種韻文體的詩歌，民眾其實不必特別拘泥於：「究竟《金剛經》的經文裡，哪些段落是「四句偈」？」如同台灣知名佛學研究學者張宏實老師所說：「泛指《金剛經》的所有經文。」只要你心有所感，並願意為人解說，都會得到不可思議的功德。

●每一則短短的金句，都富含百般的人生滋味

我因為出版文字作品，而踏入出版業超過三十年。基於個人興趣與從事媒體工作之需，平日大量閱讀，每個月至少要詳讀超過十本書。無論從作者或讀者的角度，都留意到最近這幾年來，為了因應資訊速食化的趨勢，加上自媒體篇幅所限，以「創造金句」來吸引讀者眼球的暢銷書作家，特別受歡迎。

幾次電台節目訪問，向新世代暢銷書作家請益，證明他們非常用心於創作，

必須先絞盡腦汁，想出一句短而美的文案，確定它足以打動讀者，接著把這一則短句延伸為大約一千字的作品。讓標題先打動人心，再鋪陳為短文發人深省。而《金剛經》是在五千多字中，濃縮精華般地鋪陳出四句偈，兩者的創作模式和架構截然不同，但起心動念都是為了傳播善知識，所以吸引到不同層次的讀者。

人生就像千層蛋糕，若不深究，會以為它只是一片普通的蛋糕。但只要有所經歷的人，就會在品嚐的過程，細細咀嚼它層層堆疊、重重鋪陳的箇中滋味。如同金句雖短，卻意涵深長，值得好好體會。

若復有人，於此經中，受持乃至四句偈等，為他人說，其福勝彼。——《金剛經．依法出生分第八》

【譯】如果有人，受持此部經典，甚至為他人解說其中四句偈等，這個人所得到的福德，比前面所說「用大千世界的七種珍寶」來布施的人，還要更多。

愛別人，才能度化自己

把關愛的焦點，從自己轉向別人，世界便豁然開朗。

父親驟然離世後的一段很長的時間，家人陷入無止境的哀傷。那幾年，我積極安排家庭旅遊，邀請行動不便的母親、以及兩位姊姊同行，試圖以相互陪伴的方式，協助彼此走出深沉的悲慟。

有一次趁印尼看護要返鄉休假，我規劃與家人的長途旅行，既可舒緩身心壓力，也藉此解決照顧人力需求的問題。那是我和家人的一次壯遊，以自助旅行的方式，遠赴加拿大洛磯山脈，帶著朝聖般的心情，漫遊於幾座國家公園之間。

我們搭上大型巴士，在壯闊的山林間沿著蜿蜒的公路前行。儘管看得出來，車上乘客的神情都有點疲憊，但因為沿途風景秀麗，幾乎沒有人睡著。大型巴士的駕駛員，開車技術極佳，在深山裡曲折的兩線道公路平順行進，猶如一葉扁舟漂流於河川。我從後照鏡看到他的神情，時時刻刻帶著自然驚嘆的微笑，彷彿他也跟我們一樣，是初次到訪的觀光客，車窗外的每一幕景致，都能療癒自己。

突然間，巴士減速緩緩停下。正當乘客以為是拋錨的時候，駕駛員以溫柔輕聲到盡量不打擾車內旅客休息與山間生物作息的音量廣播：「有隻小鹿在車道散步，就在巴士正前方，我們稍等一下，讓牠優先路過。」此話一落，前座的乘客優雅地起身，靠近駕駛座旁，和司機一起欣賞那隻看起來既無辜又不知所措的小鹿，對牠拍照，記錄一段旅行插曲的同時，也觀照著每個人的內在，始終有一顆懂得疼惜別人的心。

平時，我們可能因為生活的壓力、時間的匆忙而產生許多匱乏的恐懼，總是一馬當先想要維護自己的利益。無止境地找自己、做自己、愛自己，卻依然感到迷惘與失落。此刻才能領悟：**放下自己，尊重他人，反而找到生命的意義**。

●當無常已經是日常，要珍惜當下但不要執著

佛學裡提到的「眾生」，包括：人、動物、昆蟲等有情眾生，以及像是植物或其他沒有心識的無情眾生。

真正的疼惜自己，其實是從愛護眾生開始的。如果反其道而行，把所有注意力都聚焦於自己，無視於其他眾生的存在，反而會徒增很多煩惱。

住家客廳天花板，有一陣子曾經密集出現直徑約零點一到零點二公分的褐色小蟲。有翅膀；會爬行。數量很快從幾隻、幾十隻，增加到數以百隻。我拍照後，請昆蟲專家鑑定，他判定為「菸甲蟲」，推測家裡有過期的菸草、茶葉、紅豆、中藥或穀物，才會出現。奇怪的是，我做過好幾次地毯式全面的打掃與清理，都沒有發現上述孳生源。

苦無對策，不得已還是局部使用殺蟲劑，但牠們的生命力超級頑強，難以全面滅絕。除蟲專家建議以施放水煙的方式全面撲殺處理，我顧及狀況過於慘烈，

而沒有立刻採用，一心想著要看看是否有其他輔助之道，可以化解這些冤親債主的糾結。

後來我以誦經與抄經等方式，迴向給客廳天花板的「菸甲蟲」。畢竟民宅並不適合牠們孵育與成長，請牠們離開，另覓棲身之所。若因殺蟲劑送命，也請牠們聽隨我所念誦的經文，往生西方世界。大約一、兩個星期後，小蟲就漸漸銷聲匿跡。或許有些不信此道的朋友，會認為一切都是巧合。這個說法，我也不反駁，但我深信：**懷抱恭敬的心隨順因緣，謙卑中自有慈悲的力量，護佑眾生。**

所有一切眾生之類，若卵生、若胎生、若濕生、若化生、若有色、若無色、若有想、若無想、若非有想、若非無想，我皆令入無餘涅槃而滅度之。——《金剛經．大乘正宗分第三》

【譯】對所有一切眾生，生命型態不同，無論是卵生、胎生、濕生、化生；有色身、無色身；有心思想、無心思想，或非有想、非無想的眾生，我（佛）都要使他們了斷一切煩惱，到達不生不滅的彼岸。

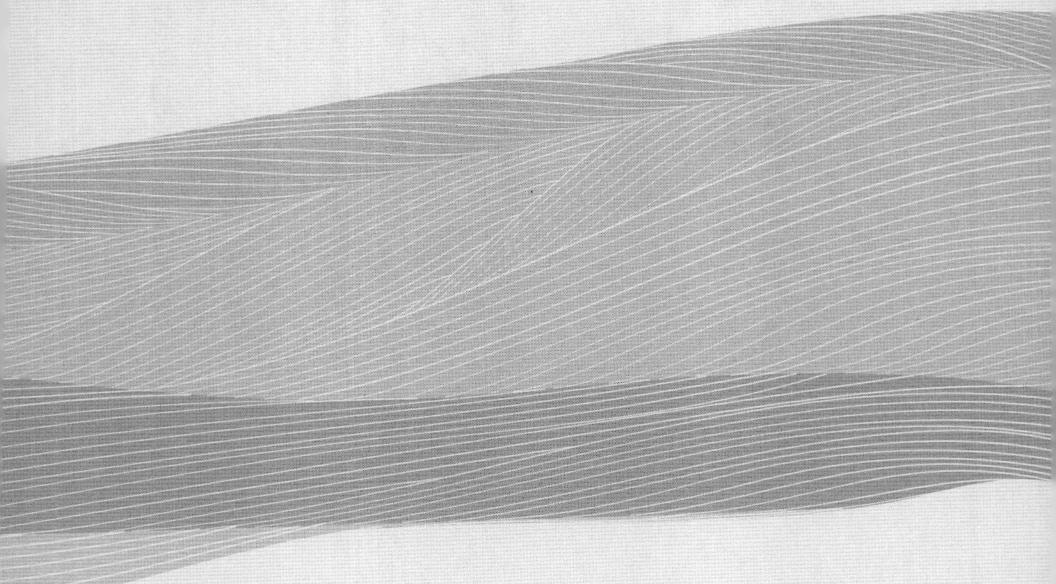

Part 5

無得而修

像練習呼吸般，把修行融入日常

沒有修行，是最高的修行

日常生活在吃飯、睡覺之間，每個細節都是修身養性的機會。

很榮幸多次受文化部之邀，擔任年度藝文盛典的主持人。頒獎典禮結束後，在會場通道迎面而來，巧遇一位我心儀已久，但未曾相見的電影導演，正懷著興奮崇拜的心情要和對方打招呼，他驀然停下腳步端詳我的臉幾秒鐘，像時光靜止那樣，之後講出我們此生交談的第一句話，不是：「你好。」「久仰。」「終於見到本尊。」這種社交禮儀常用的客套話，而是他打從心裡給出對我第一印象的觀察，聽起來也是他很真情流露的感想──他說：「若權，你真的是一個有修行的人。」

我之所以在此分享這段經驗，並非暗自歡喜，或要討論是否該以「過獎」「謬讚」「承擔不起！」等謙卑或世故的應酬話，回應來自一位電影藝術家前輩的觀察與勉勵，而是我瞬間聽懂，對方真摯深切地描述對於「修行」的見解，套用在對於一個人的觀察。儘管彼此並未深交，卻如此了然於心。

那不只是初見面時對一個人的印象，還包括雙方對理想生活的共同嚮往——我們一定都喜歡簡簡單單、平平實實的風格，也享受在歲月波瀾壯闊之後的處變不驚，安於若無其事的篤定。所以，才能四目相接的那一刻，以秒讀般的速度，一語道中彼此已屆熟齡的人生情懷。

如果「修行者」是一個稱謂，它本身並不需要與「作家」「主持人」「總裁」「經理」「專員」等任何稱謂進行比較、或連結；當一個人在被稱為「修行者」的那一刻，也無須為此而暗地沾沾自喜、或感到十分愧疚。而是可以回頭反思，究竟什麼是「修行」？

「什麼是修行？」這的確是個好問題。我不僅問過自己，也經常被問。

「修行」可能是靜坐、冥想、閉關、讀經，也可能不完全是如此而已。常聽高僧講課開示：「吃飯、睡覺，都是修行。」這可能是既抽象、又實際的解釋方式，雖百分之百完全是正解，但真的需要有些人生體驗，才能深刻理解。

年少時，我剛踏入身心靈領域學習，比較能夠立即聽懂並且實踐的說法是：「**修行，就是修正自己的言行。**」此話說得真好。接下來的問題是：「要如何修正自己的言行？」這需要的是方法；以及「在什麼情境下，會想要開始修行？」這就需要決心了。

● 修行有助於放下過去的習氣，斷捨既有的執念

多數人通常是在碰到逆境時，甚至是遭遇重大的挫敗，才會意識到自己有必要開始「修行」，也就是修正自己的言行。當然也有些人冥頑不靈，無論碰到再大的逆境、多麼嚴重的挫敗，都會認為事不關己，因為千錯萬錯都是別人的錯，

這就比較可惜。

若把今生遇見的艱難困苦，都歸咎給別人，就等於是錯過這輩子可以修正自己言行的機會，會累積更深厚的業力，留給來生的自己去繼續承擔。逃得了這一時，躲不過下一世。猶如學生作業沒寫、或考試沒過，會被罰補寫或重修，絕對不會更輕鬆。倘若有此領悟，願意開始修行，那麼每一時、每一刻、每一個當下，碰到的每一件事、每一個人，都是最好的修行機會。

至於怎麼「修行」呢？可以自修、也可以拜師。方法很多、門派也不少。甚至不同的世代、不同的地區、不同的國家，都有各自興盛的修行方式，也有很多不肖分子，會掩飾自己的私欲，假借修行之名，進行不當詐騙。因此，即使熱中於學習修行，也要保持適度的警覺性。只要不是被惡意騙財傷身，適度的繳費或贊助，在合理範圍之內、經濟能力所能承擔的程度，都可以自行評估。

我倒覺得，世俗生活中，那麼多身心靈學習組織、宗教派別，都有存在的意義，因為他們不同的特色，會吸引到各自相應的受眾，一起學習共修。

然而在這麼許許多多、形形色色的課程、組織、機構中，必須一再返回初心的，審視簡簡單單的「修行」這兩個字，也就是：經歷過這些學習的過程，是否真的有修正自己的言行？並因此放下過去的習氣，斷捨既有的執念？

●修行，存在於日常生活的每個細節裡

真正的修行，並不一定要大費周章，也沒必要孤獨地離群索居，閉關或禪修，花很多時間或金錢去上課，打造富麗堂皇如宮殿般的場地聚會……舉凡吃飯、睡覺之間，行住坐臥之際，都在修行。**每個人的日常，都可以練習修行。只要當下的每一刻，能夠透過高度的覺察，觀照自己此刻的情緒，維持內心的平靜，從煩惱與痛苦中解脫。**

我每次讀誦《金剛經》，隨著經文字開始：「爾時，世尊食時，著衣持鉢，入舍衛大城乞食。於其城中次第乞已，還至本處。飯食訖，收衣鉢。洗足已，敷

座而坐。」腦海就會浮現栩栩如生的畫面：正值用餐時刻，佛陀和大家穿上袈裟，手拿著缽走進城裡乞食。供養，是印度的傳統；僧人乞食，並不卑微，而是日常。他們在街坊依次乞食後，回到原地吃飯。飯後，佛陀收拾好衣缽，把腳洗淨，親自在地上鋪好座位入坐。

簡簡單單的印象，深深令我動容。看起來，一切極其日常。完全沒有儀式，卻充滿儀式感。難怪每位高僧在講課開示時都說：「吃飯、睡覺，都是修行。」甚至，我覺得：**一個有高度修行的人，是修行到不覺得自己有修行或正在修行**。

在照顧媽媽的三十年來，我對在日常中修正自己言行，有極深刻的體會。眼看自己從一個情緒變化既大又快、非常沒有耐性的「急驚風」，慢慢修改成為連吃飯都可以慢條斯理、細嚼慢嚥的「慢郎中」。

尤其她年近九十，本來就無法自主行動的肢體，移動更加緩慢，從輪椅到沙發、從沙發到臥床，都像電影格放的慢動作；又因為牙口大不如前，一頓餐飯吃得拖拖拉拉，菜屑殘羹散落桌上。我靜靜看護著她，預見到每個人的老後。於是每一次放慢速度的耐心，並不只是給母親，也是給未來的自己。

很多朋友都心疼我，被家庭照顧事務日夜綑綁住，而失去自由；我卻發現：其實自己是在必須按表操課的日常行程中，培養出更優雅從容的自律。

因為要長期照顧媽媽，我必須做好每天的時間規劃，除了例行的工作，還要按時接送母親門診，陪她定時進餐，自己的睡眠也要盡量規律。若不是學習承擔這些巨大而細瑣的責任，像我這樣愛好自由的水瓶座男子，可能早就不知道野放自己到怎樣一個無法收拾的地步。

● 因為生活的自律，而得到更多內在的自由

早期在經歷這些苦難的過程時，我的自律帶有很多壓力與情緒，以近乎自虐的方式過日子。直到我深深體驗這些生活紀律的好處，三餐定時定量，晨間按時早起，不需要應付太多社交與應酬，日子變得簡單輕鬆。

現在的我，把照護長輩當成生活唯一優先的重心，儘管每天忙於奔波醫院，解決治療的問題，卻也因此而對世俗名利、同儕競爭、奢華享樂、聲光娛樂都無感到近乎清心寡欲，一旦不再執著於自己的欲望或念頭，就越來越趨向於無我的練習。反而因為生活的自律，而得到更多內在的自由。

雖然我上過很多身心靈的課程；也有幸得到許多大師的教誨；並透過自修閱讀的方式精進。但真正改變的發生，其實都在日常的每一次覺察，以及伴隨覺察而來的每一個決定，捨得讓自己成為一個可以盡量不被執念所困的人。

爾時，世尊食時，著衣持鉢，入舍衛大城乞食。於其城中次第乞已，還至本處。飯食訖，收衣鉢。洗足已，敷座而坐。——《金剛經．法會因由分第一》

【譯】用餐時間到了，佛陀就穿上袈裟，拿著鉢碗，和大家一起到舍衛大城乞食。在城中依次乞食完畢，回到原地。飯後，收拾衣鉢，把腳洗淨，鋪好座位入坐。

抄寫經文，消災祈福

一筆一劃，一字一句，替自己祈願，為世界祝福。

持續多年晨泳的習慣，我在運動中心認識不少文武兼備、動靜皆宜的好友。其中有位中年大叔，身手矯捷，水中神速媲美飛魚。休息時聊天知道，他的專職是藥劑師，篤信基督教。

某天我去他家作客，發現桌上一疊六百字的稿紙，都是他以蒼勁有力的硬筆書法抄寫《聖經》的字跡，令人十分讚嘆。只見他自謙笑說：「清晨太早起床，閒著沒事做，練練字啦。老婆說，可以順便為家人祈福。」

原來，以抄寫經文來靜心祈福，是不分宗教皆有的信念。

我大約三十歲開始抄寫《心經》，最初是在寺廟提供民眾自由取閱經書的平台上，取得抄經的紙本。剛開始，是想多了解《心經》的奧義，藉由書寫而易於背誦，並且可以練字。後來有一次接觸通靈的高人直言：「你跟《心經》很有緣分，回去連續抄寫七七四十九天，對改善運勢會有很大的幫助。」

當時畢竟年輕，對此說法半信半疑，而且總覺得以抄經來祈福，似乎過於功利，彷彿在跟神明交換條件。所以第一次的抄經，比較隨興，並未連續四十九天；之後斷斷續續抄經，多半都是遇到煩心或不順的事情，一方面想要靜心，另一方面也就真的是有意藉此改運。

直到母親臥病，父親過世，我成為獨立照顧者，遇到更多人生艱難，主動鑽研佛學，並全心投入抄經，才真正體會抄經對於一個人修養身心的意義與重要性。除了前述的靜心、背誦、練字、改運之外，還有三項很重要的功能：

一、**持續書寫可以鍛鍊頭腦**：藉由中文字體的結構與聲義，活化腦部的功能，包括：圖形、方向、認知與邏輯，透過手與腦的協同合作，不僅可以更加理解經文意義，有助於背誦，還能預防失智，強化腦部的運作。

二、**集中注意力如冥想放空：**有些朋友初期抄經會想睡覺，可能是因為當天太累，導致精神不濟；若排除這個因素，或抄經到一定熟練的程度後，練習集中注意力，會進入類似冥想的狀態，而讓整個人放空。

三、**以迴向擴大祝福的能量：**完成抄經之後，可以把福德迴向給自己、家人與眾生，擴大祝福的能量，並發揮更深的影響力。迴向，就像是一面可以無限折射到不同角度的鏡子，透過你的心念，無遠弗屆地傳遞祝福。

● 持續抄經，可以為自己累積福德，將祝福傳遞給別人

民間大眾多半深信，抄寫經文可以累積福德。《金剛經》以好幾個不同段落，再三強調修持、讀誦、宣說此經的好處。佛陀更在〈持經功德分第十五〉直接載明「書寫」的重要性，原文是：「若復有人，聞此經典，信心不逆，其福勝

彼。何況書寫、受持、讀誦、為人解說。」可以想像，在遠古時代，資源與工具都十分有限，紙筆的取得，相對不容易，但佛陀還是把「書寫」這項傳遞善知識的方式，明列在經文中，就知道這是多麼有意義的修持方式了。

儘管後世對於「要不要抄經？」「抄經之後，稿紙該怎麼處理？」以及「是否浪費紙張，損及森林資源？」等有正反不同的討論，讀者可以在網路上搜尋各種見解，但都無損於一個人決定要讓自己和世界變得更好的決心。

以我個人的體驗，來回答上述疑惑，答案會是：「要抄經。」「抄經之後，稿紙可以收藏，或以安全、並尊重的方式回收或焚燒。」「我們可以用其他積極的方式節能減碳，愛護地球。例如，贊助種樹以增加森林面積。」

累積多年抄寫《心經》的經驗後，我開始挑戰抄寫內容較長、篇幅較多的《金剛經》。《心經》和《金剛經》是佛學非常重要的兩部經典，以不同的形式與角度，詮釋空無的意義。《心經》全文僅兩百六十個字，可以一次抄完；《金剛經》大約五千多字，以分段書寫的方式進行抄經，逐日完成也很有意義。

除了自己持續抄經，也顧及讀者需求，我特別選用適合書寫的紙張，並以穿線裝幀的方式，以便於讀者攤平書寫，出版抄經專用的書籍。《靜心書寫：活得像雲般自由》（悅知文化）是專為抄寫《心經》而設計，已獲得超過五萬次人響應，重新帶動抄經的風潮；這次配合《捨得自己》（天下文化）的出版，創新設計《捨得的練習》抄經本，以不藏私的心情，與讀者分享抄寫《金剛經》經文的好處，陪伴讀者深入經文要義，替自己祈願，為世界祝福。

若復有人，聞此經典，信心不逆，其福勝彼。何況書寫、受持、讀誦、為人解說。——《金剛經．持經功德分第十五》

【譯】如果有人，聽聞此經，篤定相信而不違逆，他所得到的福德，將勝過前面所說的那種「以身命布施」的人。更何況是書寫、奉行、讀誦、為別人解說經文，所得到的福德，無可限量。

迴向，就像是一面可以無限折射到不同角度的鏡子，
透過你的心念，無遠弗屆地傳遞祝福。

可以生氣，不要動怒

自我覺察，讓情緒自然流動，不壓抑也不爆發。

好友廣軒自行創業幾年，組織已經從當初的規模初具，快速成長為員工數將近五十人的企業。有一天接受他的邀請，為了一個行銷專案要委託我外包，約我去公司聽聽他的想法。怎料才剛踏入辦公室，就看到他板起臉孔，看起來像是正在訓誡一位做錯事情的同仁。

他抬頭望見我進來，立刻停止訓話，示意該同仁先回座位去準備要與我開會的資料。他表情緩和許多，迎向前來與我親切招呼。畢竟我們已經久未謀面，開會前的簡短敘舊，氣氛輕鬆愉快。不久之後，我們一起到會議室，聆聽剛剛那位被訓誡的同仁開始做簡報，似乎整個情緒銜接得十分流暢，絲毫沒有違和感。

會議結束後，傾盆大雨，好友另有要事處理，委請那位同仁陪我下樓叫車。我趁此機會鼓勵他，剛才簡報做得很好。他向我坦承：多虧老闆開會前指點，他立刻回座位調整內容，才能順利把專案介紹清楚。

我問：「會議前聽到老闆說重話，是不是很難過？」他說：「我知道老闆是一個情緒來得快、也去得快的人。很多同事會覺得他翻臉如翻書，但我覺得他是生氣而沒有動怒，讓我們有所警惕，又不至於傷害彼此關係。」

搭上計程車，我突然覺得好友和這位同仁，都是很幸運的人。他們不但彼此了解、互相體諒，而且懂得讓瞬間激起的情緒，可以自然地流動，沒有因為表達情緒的管道長期阻塞，而過度壓抑或突然暴怒。

我們可以讓別人看起來好像在生氣，但不要真正動怒。讓別人看起來在生氣，是要讓對方知道底線之所在；不真正動怒，則是避免傷及彼此的自尊與關係。

「翻臉如翻書」這句話，很容易被負面解讀；但如果可以換角度詮釋，**讓情**

緒可以適時展現真實的感受，而不停滯僵化，當情緒適度表達之後，只要不是刻意傷害對方的自尊或身體，彼此的關係可以快速翻到下一頁，未嘗不是好事。

發脾氣是一回事；被別人發脾氣又是另一回事。無論對方情緒如何激烈湧動，只要能夠讓自己不受影響，懂得主動移開情緒的濾鏡，接收對方真正要傳達的訊息，抱著「有錯，則改之；沒錯，就當作警惕與勉勵」這樣的態度去面對處理，既不會傷到自己的尊嚴，也不會毀壞雙方的關係。

● 環境充滿變數，要讓心境始終保持平靜

有一則耳熟能詳的故事，來自《六祖壇經》。寺院裡，兩位僧人因為旗幡在風中飄動起爭執。兩者立場截然不同。一位僧人主張：「是旗幡在動。」另一位僧人則堅持：「明明不是旗幡在動，而是風在動。」六祖惠能聽到他們為此爭論不休，一語中的地說：「不是旗幡在動，也不是風在動，是你們的心在動。」

《金剛經》的這句經文：「不取於相，如如不動。」比較淺近的解釋是：看透世間萬物本質，心不會隨著外境動搖。若再深一層來講，「如如」的本意是：真如、如實，沒有差別，平等無二，只要沒有分別心，就不會動搖。

維持平靜，並非麻木心死，變得無感，而是能夠在覺察情緒中，適時做好調適，而不輕易為外界所動。畢竟，人生各種現象都在不斷變化，容易牽動情緒起伏。唯有保持高度的覺察，知道自己的起心動念正在經歷怎樣的挑弄，並以最快的速度歸於平靜。也就是不執著於一切外相，不會因為外相有所差別而被擾動。

不取於相，如如不動。——《金剛經．應化非真分第三十二》

【譯】不執著一切事物的表相，不會輕易為外境變化而擾動心思。

求神，問祂在不在？

因為不拘形式，所以無來無去，仍願稱為「如來」。

那年冬天，特別寒冷。正值春節期間的凌晨，渺茫的煙霧瀰漫台階，整座酒店建築彷彿漂浮在西湖之上。

我將睡而未眠之際，聽見人聲雜沓，開窗望去，迷霧中隱約有一條行進中的人龍，緩緩向前滑行而去。起身到大廳，詢問服務人員，才知道這些民眾是趕在特定的時辰，前往附近的靈隱寺祈福。我披上外套，跟著人潮緩步到院內進香。只見群山翠嶺間，坐落數以百計的石雕佛像，莊嚴雄偉；大雄寶殿內，供奉釋迦牟尼佛的蓮花坐像，神聖慈悲。

千古以來，這麼多人求神拜佛，虔敬的眼神、謙卑的態度，傾訴心裡所願，等待夢想實現。而世間那麼多的願望，總難免有落空的時候，大失所望的人們回頭望見一直以為與神同在的自己，心中浮現另一個疑問：「神啊，祢到底在不在啊？難道沒有聽見我的祈求？」於是真的有人求神拜佛，是真的要看準時辰；來到寺院之內，還會在求籤之前擲筊請問神明：「祢在不在啊？」

年輕的時候，我曾遵照建議做了一、兩次，但擲筊的同時，一直有個很調皮的疑問：「如果神明不在此殿堂之中，那現在回答這個問題的，是誰？」

在這個問題尚未解開之前，我索性就不再擲筊請問神明：「祢在不在啊？」心裡的預設值就是「神明都在！」就算不在，也有分身代理。既然是神，必定神通廣大，法力無邊，總有辦法可以處理這些民眾的問題。

但還是有些朋友，人云亦云，傳來傳去，說哪個寺廟的哪尊主神，只有哪個時辰才會安在寺院之內，其他時辰都在外面雲遊四海。在我聽起來真的是既浪漫、又可愛，只好繼續抱著「我信，故神在！」的心念，虔敬祈禱。

● 但願所有微塵眾，都能安於在愛中相聚離別

《金剛經》裡有段經文：「須菩提！若有人言：『如來若來、若去；若坐、若臥。』是人不解我所說義。何以故？如來者，無所從來，亦無所去，故名如來。」大意是說，如來沒有固定的形式，而是隨著自性充滿法界，既沒有一定要怎樣的「來」，也沒有一定要怎樣「去」，既然是這樣形式不拘地坐臥來去，就稱為「如來」吧。這是很有慈悲、也很智慧的解釋。

如同熱戀中的人，典型的親密對話：「你在哪裡？」「我在你心底。」只要你心裡有我，我便時時刻刻與你同在。

既然如此，今後求神拜佛，是否就真的不用看時辰呢？這恐怕還是要看當事人是否心中真的可以沒有懸念，毫無罣礙。因為一個人的心念，會影響所有的結果。而讀誦或抄寫《金剛經》最大的好處，就是可以降低懸念、清理罣礙。

更何況，所有的靈體都具有來去自如，不受物理空間所限的特質，位階越高

者所受到限制越少，諸神菩薩都已經到了絕對自由自在的程度。而位階較低的靈體，像是孤魂野鬼，能量比較低，活動的時間與空間，就會受到限制。這也就是為什麼有些陽氣不足的民眾，夜晚比較容易受到陰氣磁場的干擾；同理可以解釋，農曆七月開鬼門關，孤魂野鬼從地獄放假出遊人間的道理。

所有眾生；皆如微塵。但願每一次的相聚或離別，都沒有擔心恐懼，即便只是擦肩而過，都能給彼此愛與慈悲。

如來者，無所從來，亦無所去，故名如來。——《金剛經．威儀寂靜分第二十九》

【譯】所謂的「如來」，本性自如，充滿法界，隨感而發，沒有所謂「來」，也沒有所謂「去」。就因為無來無去，所以稱之為「如來」。

靈性上癮，越追求越空虛

過度追求，代表不接受現在；上癮的程度越深，就越空虛。

為了靈性的學習與成長，我參加過很多課程、也親自舉辦過幾次工作坊。有的是免費，有的需要收費。價格是高或低，其實很難講。牽涉到成本結構，以及主辦方預期的利潤。

例如：我曾接受專家委託，幫忙協辦邀請來自美國的身心靈老師到台灣上課。光是付給他一個人的師資、交通、食宿等成本，就超過新台幣一百萬元，還不包括：講義的翻譯與印刷、現場即時口譯，以及場地租金等。小班制三天課程，每個學員付費上萬，事後大家都覺得很有收穫。

類似這樣成本結構的活動，幾乎沒有利潤可言，純粹只是為了引進好的師資與課程，分享給本地對身心靈成長有興趣民眾。能夠贊同這個價值的學員，認為物超所值；無法理解的人，就覺得很瞎，甚至將它歸類為怪力亂神的詐騙行為。收費高低，見仁見智。至於是不是詐騙呢？有時候確實真假難辨。社會上，不乏近乎邪教團體的組織，成本與財務始終交代不清，打著身心靈的名號招搖撞騙，多年累積的斂財金額十分龐大，至今屹立不搖。

市面上還有其他近似「豪華靈性旅行團」，廣招學員成團到海外取經，動輒新台幣十幾萬元起跳，還是有人趨之若鶩，一位難求。可見這個市場供需，已經趨向商業機制。每個人能夠用來投入於靈性學習的預算不同，只要量入為出，沒有超過負擔，旁人無法置喙。只不過各國都曾經發生很相似的個案，結果都十分慘烈。因為迷上邪教，搞到傾家蕩產，家人勸阻不成，必須與其斷絕經濟和關係，最後人財兩失。還有其他個案，弄到家破人亡。

明明初衷是要追求靈性成長，為什麼結果這麼慘？許多研究邪教組織的專家都認為，這些當事人都有「靈性上癮」的特質。起因於內心十分空虛，為了解除煩惱或疑問而開始靈性學習，卻誤入歧途而產生依賴，以為上越多課程、花越多金錢，就可以類似「買到贖罪券」的概念，讓自己獲得救贖。越是追求，執念越強，導致越陷越深。

● 停止追求，放下渴望，即使不完美也沒關係

靈性上癮，其實和對菸、酒、毒品上癮，並無二致。所有極力追求覺醒或開悟的人，都很容易成癮，無關於你要追求的是金錢、名聲、幸福或愛。過度追求，正意味著你無法接納不完美的現在，才會使盡全力要逃離此刻，執著於未來。而且，誤以為上越多課、花越多錢，就能追求到越高深的靈性成長，卻忽略了一個很重要的事實：**靈性的本質，是要清理、是要放下，而不是要追求更多**。

《金剛經》提到：「是法平等，無有高下。」無論是卑微到覺得自己無法攀

登靈性的高峰、或是狂傲到認為自己的能力或財力可以獲得一切真理，這兩種想法都是妄念。想讓自己重獲平靜，並不需要花很多錢，也未必要具備什麼條件，可以從最基本的呼吸開始練習，專注於練習吐氣與吸氣，再純熟到忘記自己正在專注地吐氣與吸氣。從這個過程，去體驗放下念頭、進而放下自己。

最後，當完全放下呼吸的那一刻，都已毫無懸念，就是徹底的解脫。佛學說的「涅槃」，大致若此，差別就在於是否如實證道，就真的因人而異。

是法平等，無有高下，是名阿耨多羅三藐三菩提。以無我、無人、無眾生、無壽者，修一切善法，即得阿耨多羅三藐三菩提。——《金剛經・淨心行善分第二十三》

【譯】此法平等而不分高下，這就是「無上正等正覺」。只要以無我、無人、無眾生、無壽者等破除四相的心念，來修持明心見性的一切善法，就可以證得「無上正等正覺」。

為你，千千萬萬遍

從願意無私的那一刻起，放下就變得容易。

在《金剛經》與佛陀持續對話的須菩提，針對「云何應住？云何降伏其心？」（另有版本載為「應云何住？云何降伏其心？」）這個同樣的問題，先後提問兩次，分別出現在第二分與第十七分。大意是說：要如何保持對「無上正等正覺」的發心，也就是「菩提心」？以及如何才能降伏妄想的念頭。

佛學專家對此有不同解釋。有些專家認為：兩次提問的層次不同。第一次提問，是以為有「心」可發。因此佛陀接著用了很多篇章開示：不要執著於「心」。即使度滅眾生，也要知道事實上沒有眾生可以度滅，這是因為眾生自性自悟，與佛無異；並再三強調眾生平等，沒有四相的分別。而須菩提之所以會第二次再度提問，是已經明白「空」的境界之後，請佛陀再細說分明。

此外，也另有學者推測，現在我們所讀到的《金剛經》可能是由兩個版本彙整而成的，所以會有兩次提問。但以上論述尚未有明確考證，僅供參照。

無論如何，「云何應住？云何降伏其心？」這個大哉問，正是《金剛經》整部經典的緣由。佛陀的所有說法，都只是為了層次分明地解析，如何保持平靜的慈悲心，並**藉由消除妄念，斷捨煩惱，終而放下萬千牽掛的自己，體驗「無我」進而覺悟，世間種種不只是終必成空，而是眾生本性皆空**。

《六祖壇經》中有一個很經典的例子。禪門五祖弘忍大師有意把衣缽交給弟子傳承。當時的上座弟子神秀禪師，提出一首詩偈：「身是菩提樹，心如明鏡台；時時勤拂拭，勿使惹塵埃。」他說，心就像一面明鏡的台，要勤於擦拭，才不會蒙塵。乍看之下，講得很有道理。許多傳統故事講到出家拜師，小徒弟都要先掃地，有時候一掃就掃個好幾年，未必能通過考驗。

掃地，能考驗些什麼啊？除了耐性、體力之外，就是能否悟道？地面必須打掃乾淨；內心才能維持平靜。但只要風不停止，樹葉就會不斷飄落，地面是永遠不會乾淨的，內心是否就無法平靜呢？

當年五祖弘忍大師看到神秀禪師的詩偈，研判他領悟的層次，停留在表面的形式。直到正在舂米、砍柴、擔水的惠能禪師，請人在牆上二次創作，題一首偈語：「菩提本無樹，明鏡亦非台；本來無一物，何處惹塵埃？」這才被五祖弘忍大師認定他已經能夠體悟諸法空性，決定傳衣鉢給他，成為禪宗的六祖大師。

●在「有」用工夫，是執著；在「無」見真章，是開悟

根據佛學大師與專家解析：神秀禪師的「身如菩提樹」，是在「有」用工夫，而惠能禪師說的「菩提本無樹」，則是在「無」見真章。

在服憲兵役那兩年值勤的空檔，我多次拜讀《六祖壇經》與相關著作，對這

段故事玩味再三。曾想過，兩者意境確實有高低之分；但若沒有神秀禪師的創作在先，惠能禪師詩偈是否還能後來居上呢？

人近中年，我才有另一個角度的詮釋：**悟道，沒有先來後到的差別，看誰能夠先放下，就可以抵達彼岸**。

有些人可以頓悟，在頃刻之間突然通透；有些人可能會要用很長的時間，去細細琢磨。或者，時間長短並非真正的關鍵，而是次次琢磨的時候，是否能夠深深地明心見性。

有位男性朋友，被妻子發現外遇後回歸家庭。彼此承諾，要好好修復關係。但他難以立刻斬斷情慾，夜深人靜時常想起外遇對象的激情。他私下問我：「戒菸、戒賭、戒色，是否真的和戒除毒癮一樣困難？」

之前我會勸人：「天下無難事，只怕有心人。」近年多次讀到《金剛經》的「云何應住？云何降伏其心？」佛陀給出的答案，都是勉勵眾生要發願助人。如果一個人總想著自己，就很難斷捨執念；若能放下自己而利他，私欲就隨之淡然。

●宇宙萬物，自性皆空。學會無私，才能放下

我想到小說《追風箏的孩子》，故事的背景是在阿富汗首都喀布爾，一年一度的風箏大賽。主角是兩個年紀相差一歲的男孩，一個是少爺阿米爾，另一個是僕人的兒子哈桑。少爺阿米爾一心想要贏得風箏大賽，藉此獲得父親的關注。哈桑總是盡心盡力，幫助少爺阿米爾完成任務。殘酷的事實發生在比賽過程中，阿米爾親自目睹哈桑為了替他保護風箏，而遭惡少強暴，他竟沒有出手相救。

後來遠赴美國的阿米爾，二十六年後才知道哈桑已過世，而且兩人竟是同父異母的兄弟。哈桑遺留一個兒子在阿富汗孤兒院。阿米爾面對自己充滿愧疚的人生，重新踏上成為好人的路。他託朋友幫忙，救出這個心理嚴重受創而無法言語的小男孩。有一天阿米爾陪他去公園鬥風箏，在撿回掉落的風箏時，化身成為當年的哈桑，對這個孩子喊出：「為你，千千萬萬遍！」此刻奇蹟發生，男孩的嘴角，終於有了表情。那是愛的寬恕與諒解，也是靈性最深刻的成全與救贖。

在現實生活中，你曾經為別人做過「為你，千千萬萬遍！」的付出嗎？《靈魂之書》有段話提醒讀者：「多少次，我們堅持自己，必須要到遠方，才能找到新的東西？其實，或許我們真正應該做的是，勇敢留在當下，讓自己活得更深刻。」

如同「為你，千千萬萬遍！」的許諾，讀《金剛經》千千萬萬遍也不厭倦。佛陀在經文中反反覆覆，正著講、反著講，就是要辯證出一個簡單的邏輯：宇宙萬物，自性皆空。**當我們願意無私的那一刻，放下就變得容易很多**。

云何應住？云何降伏其心？——《金剛經．究竟無我分第十七》

【譯】要怎樣才能使菩提心安住不退轉呢？如果起了雜念，又該如何降伏妄心呢？

世間最美麗的離別

斷捨自己與執念，是目送時最美的風景。

人生有多少次，我們站在不同的渡口，目送心中最摯愛的人離開？如果我們此生最愛的人，就是自己；那麼，在旅途的終點，又能以怎樣的心情，送別自己的背影？

成為大人以後，我才知道自己有嚴重的「分離焦慮症」；源頭要追溯到童年的經歷。從小不斷搬家、轉學的過程，加上不同的成長階段，常需孤獨自處，與家人分隔兩地，太多次的相聚與別離，讓我對所有的分分合合感到恐懼。

這些年研習心理學，重新回頭看到，無論多麼悲傷，都很不容易哭的自己，發現面對分離的當下，我的反應都已經近乎短暫的解離。以心理學嚴謹的定義來說，「解離」是一種心理的防衛，讓自己從事件中抽離出來，彷彿可以完全置身事外，以避免自己受傷。雖然我的狀況，還沒有嚴重到需要就醫的程度，但憂鬱和焦慮的情緒，確實曾經在分離時深深困擾自己。

我在以人際關係為主題的創作中，與讀者互勉：「相愛前，就要為分手做準備。」雖然聽起來過於理性；但並非沒有道理。再往內心深究，在自我防衛機制升高之下，很可能為了無法承擔分離，就不肯再與任何人密切往來。

分開的慘烈程度，取決於相愛的付出深度。其中大概只有遭遇背叛，是個由愛生恨的例外。但即使伴侶關係中，沒有外力介入，光是彼此深愛，離別時依然有被對方背叛的感覺——我這麼愛你，你怎麼可以丟下我，自己先離開。

直到父親離世，我在萬分悲慟中多次讀誦《阿彌陀經》，讀到最後一句：「聞佛所說，歡喜信受，作禮而去。」心中才有點明白：離別，並非盡是悲傷與失去。如果我們能在相遇中，對生命的意義有所領悟，並奉為遵循，彼此都該歡喜。

● 去除我執，才能斷捨煩惱

多年後，再讀《金剛經》，細細咀嚼最後一句，依然是：「聞佛所說，皆大歡喜，信受奉行。」原來離別只是一種暫時的形式，關鍵在於「朝聞道，夕死可矣」的解脫，既無愧於彼此的相遇，分開之後依然可以各自歡喜。

我們這一生，要目送很多人的背影離去，而且往往親痛仇快。但抽離愛恨悲喜的情緒，就只剩下形體的分開。如果雙方都深信，在天涯盡頭，終須重逢，為形式上的離開過度痛苦，未免多餘。

基於這份理解，逐漸開始療癒我的「分離焦慮症」。或許，我尚未鍛鍊到可以完全無視於離別；但至少每當我回到童年的月台，聽見列車進站的鳴笛，自己的心已經慢慢學會承載，能夠目送心中所愛離開。

而總有一天，每個人都要為此生的自己送別。尤其在整體社會已經進入高齡化與少子化，以「孤獨死」作為旅程終結，並非萬一的可能，而是必要的準備。乍聽之下，感覺殘酷；深思之後，卻能溫柔。只因「萬般帶不走，唯有業隨身」，與其把功課留到最後一天，不如現在就開始修行。

世間最美麗的離別，是斷捨自己與執念。《金剛經》教導我們斬斷煩惱，透過布施，鍛鍊自己割捨的決心，這一切的努力都是為了去除「我執」。**當執念消失，自我就不復存在。**當我們不再堅持自己，人我界限隨之隱沒，愛與慈悲才能沒有差別待遇地完整滋養於眾生之間。

聞佛所說，皆大歡喜，信受奉行。——《金剛經・應化非真分第三十二》

【譯】聽完佛所說的般若大法，無不充滿歡喜感化之心，篤信接受，遵從實踐。

《金剛經》原典與白話翻譯

《金剛般若波羅蜜經》

原典：姚秦三藏法師鳩摩羅什　譯
白話：吳若權　恭敬彙整編譯

*編註：本篇章內所有原典皆因應中文閱讀習慣加入引號，與本書前文體例一致。

● 法會因由分第一

【經】如是我聞：一時，佛在舍衛國祇樹給孤獨園，與大比丘眾千二百五十人俱。爾時，世尊食時，著衣持鉢，入舍衛大城乞食。於其城中次第乞已，還至本處。飯食訖，收衣鉢，洗足已，敷座而坐。

【譯】這部經是我（阿難尊者）親自聽到佛陀這樣說的。當時，佛陀在舍衛城的祇樹給孤獨園，與一千二百五十位有德性的高僧及弟子在一起。用餐時間到了，佛陀就穿上袈裟，拿著鉢碗，和大家一起到舍衛大城乞食。在城中依次乞食完畢，回到原地。飯後，收拾衣鉢，把腳洗淨，鋪好座位入坐。

●善現啟請分第二

【經】時，長老須菩提在大眾中，即從座起，偏袒右肩，右膝著地，合掌恭敬，而白佛言：「希有世尊！如來善護念諸菩薩，善付囑諸菩薩。世尊！善男子、善女人，發阿耨多羅三藐三菩提心，云何應住？云何降伏其心？」佛言：「善哉善哉！須菩提！如汝所說，如來善護念諸菩薩，善付囑諸菩薩。汝今諦聽！當為汝說。善男子、善女人，發阿耨多羅三藐三菩提心，應如是住，如是降伏其心。」「唯然，世尊！願樂欲聞。」

【譯】這時，眾弟子中有位長老叫須菩提，從座位中站起。他斜披袈裟，露出右肩，右膝跪地，雙手合掌，恭敬地對佛陀行禮稟告：「希有難得的世尊，您善於護持顧念諸菩薩，而且善於囑咐指導諸菩薩。世尊！諸位善男信女，已經發起無上正等正覺的菩提心，要怎樣才能使菩提心安住不退轉呢？如果起了雜念，又該如何降伏妄心呢？」

佛陀嘉許說：「問得好，問得好啊！就像你所說的，如來善於愛護顧念諸菩薩，而且善於囑咐指導諸菩薩。你們要仔細用心聽，我為你們解說。當善男信女發起無上正等正覺的菩提心時，就要按照以下的方式安住，並且降伏妄心。」

須菩提回答：「是的，世尊！我們很樂意聽從您的教導。」

●大乘正宗分第三

【經】佛告須菩提：「諸菩薩摩訶薩，應如是降伏其心：所有一切眾生之類——

若卵生、若胎生、若濕生、若化生，若有色、若無色，若有想、若無想、若非有想，若非無想，我皆令入無餘涅槃而滅度之。如是滅度無量無數無邊眾生，實無眾生得滅度者。何以故？須菩提！若菩薩有我相、人相、眾生相、壽者相，即非菩薩。」

【譯】佛陀告訴須菩提：「諸菩薩、摩訶薩等，應該要按照以下方法修持，才能降伏妄念，常保菩提心。對所有一切眾生，生命型態不同，無論是由卵殼出生、由母胎出生、從潮濕中出生、從轉化中出生，還是有物質形體、沒有物質形體，有感官意識、沒有感官意識，以及不確定有或沒有感官意識等，我佛都要使所有眾生進入涅槃的境界，斷滅他們的煩惱業障，度化他們解脫到不生不死的彼岸。雖然我度化無數的眾生，但實際上一切眾生是自性自度，沒有哪個眾生是被我滅度的。為什麼呢？須菩提！如果有『他們是被我所滅度』這樣的念頭，就還是執著我相、人相、眾生相、壽者相，對不同形貌或狀態的眾生，有差別對待，就不能稱是菩薩了。」

●妙行無住分第四

【經】「復次，須菩提！菩薩於法應無所住，行於布施。所謂不住色布施，不住聲、香、味、觸、法布施。須菩提！菩薩應如是布施，不住於相。何以故？若菩薩不住相布施，其福德不可思量。須菩提！於意云何？東方虛空可思量不？」「不也！世尊！」「須菩提！南西北方，四維上下虛空，可思量不？」「不也！世尊！」「須菩提！菩薩無住相布施，福德亦復如是不可思量。須菩提！菩薩但應如所教住。」

【譯】「再進一步說，須菩提！菩薩基於無上正等正覺的法理，在修行布施時，應該無所執著。不著於相的意思是：修行布施時，不執著於色、聲、香、味、觸、法等六塵表面的形式。須菩提，菩薩布施是不受形式所侷限的。為什麼呢？因為菩薩布施，不執著於相，獲得的福德不可限量。須菩提！你怎麼認為呢？以東方無邊無際的虛空來說，你覺得可以用心思度量嗎？」

須菩提回答：「不可思量。世尊！」

佛接著又問：「須菩提！南、西、北四方及上下那樣無邊無際的虛空，你認為是可以用心思度量的嗎？」

須菩提回答說：「不能啊，世尊！」

佛又說：「須菩提！菩薩若能布施不著於相，所得到的福德不可限量。須菩提！菩薩應該依照上述的教法，在修行布施時，不執著於表面的形式。」

●如理實見分第五

【經】「須菩提！於意云何？可以身相見如來不？」「不也！世尊！不可以身相

得見如來。何以故？如來所說身相，即非身相。」佛告須菩提：「凡所有相，皆是虛妄。若見諸相非相，即見如來。」

【譯】「須菩提！你覺得呢？你認為能夠看見如來的形貌嗎？」須菩提回答：「世尊！不能見到如來的形貌。為什麼呢？因為您所說的是真實的法相，並非肉眼所見的身形外表。」佛告訴須菩提：「世間所有的外貌，都是虛妄不實的。如果能識破所有表相都是虛妄，就可以證見如來真實的法相。」

●正信希有分第六

【經】須菩提白佛言：「世尊！頗有眾生得聞如是言說章句，生實信不？」佛告須菩提：「莫作是說！如來滅後，後五百歲有持戒修福者，於此章句能生信心，以此為實。當知是人，不於一佛二佛三四五佛而種善根，已於無量千萬佛所種諸善根。聞是章句，乃至一念生淨信者，須菩提！如來悉知悉見，是諸眾生得如是無量福德。何以故？是諸眾生，無復我相、人相、眾生相、壽者相，無法相，亦無非法相。何以故？是諸眾生，若心取相，即為著我、人、眾生、壽者。若取法相，即著我、人、眾生、壽者。何以故？若取非法相，即著我、人、眾生、壽者。是故不應取法，不應取非法。以是義故，如來常說：汝等比丘知我說法如筏喻者，法尚應捨，何況非法！」

【譯】須菩提稟告佛陀：「世尊！如果後世有眾生聽聞您所說這些章句中的微妙義理，能夠了解並生起堅實的信心嗎？」

佛陀告訴須菩提：「你不必有此疑慮。即使是在我滅度後的第五個五百年，會有持守戒律、並廣修福德的人，能夠從此經中的章節文句中，產生堅定的信心，並認為這些義理都是真實可靠的。從此就可以知道此人善根深厚，不只是從一、兩尊佛，乃至三、四或五佛所種的善根，而是從無量佛所種得的善根。只要看到此經的一章一句，就能一心不亂，深信不疑。須菩提！我（如來）確可以完全確知並見證，這些信眾可以得到無可限量的福德。

「為什麼呢？因為這些眾生已經領悟『性空無相』的道理，不再執著於我相、人相、眾生相、壽者相等有任何分別，並且明白這不等同於法相，也不是說它就不是法相。（不執著於一切現象，也不執著於刻意要否定一切現象。）

「為什麼會這麼說呢？這些眾生如果心裡執著於一切相狀，就會執著於我、人、眾生、壽者四相而分別對待。若執著種種法相，也同樣是執著我、人、眾生、壽者四相。若執著於跳脫法相而看空，同樣也是一種因為固執而產生錯誤的斷見，這也和執著於四相一樣。

「正因為這個緣故，如來才會經常提醒：諸位比丘，要知道我所說的一切法，就像以船筏為比喻，當證得涅槃，渡人過河到彼岸，就不再需要船筏。連正法都要捨去；更遑論是那些不符合佛法的言論了。」

●無得無說分第七

【經】「須菩提！於意云何？如來得阿耨多羅三藐三菩提耶？如來有所說法耶？」須菩提言：「如我解佛所說義，無有定法，名阿耨多羅三藐三菩提，亦無有定法。如來可說。何以故？如來所說法，皆不可取，不可說，非法，非非法。所以者何？一切賢聖皆以無為法而有差別。」

【譯】「須菩提！你認為呢？如來已經證得『無上正等正覺』嗎？如來有說了什麼法嗎？」

須菩提說：「就我所了解，佛對於有關法義的論述，並沒有確定具體的法可以稱之為『無上正等正覺』，同時也沒有確定具體的法，是可以讓如來宣說的。為什麼呢？因為如來所說的法義，不可以從表面上論斷而執意獲取，只能靠心領神會，不是言語所能詮釋。既不是一切存在的現象，也不刻意執著於否定一切現象。為什麼呢？因為一切賢聖所修習的，都是超越因緣變化的『無為法』，隨各人修行的程度深淺不同，得到的體會與證悟就有所不同。」

●依法出生分第八

【經】「須菩提！於意云何？若人滿三千大千世界七寶以用布施，是人所得福德，寧為多不？」須菩提言：「甚多！世尊！何以故？是福德，即非福德性，是故如來說福德多。」「若復有人於此經中受持乃至四句偈等，為他人說，其福勝彼。何以故？須菩提！一切諸佛及諸佛阿耨多羅三藐三菩提法，皆從此經出。須菩提！所謂佛法者，即非佛法。」

【譯】「須菩提！你的意見如何？如果有人以充滿三千大千世界的七種珍寶，來施行布施，這個人所得的福德難道不多嗎？」

須菩提說：「世尊！當然是很多。為什麼呢？這些因為捐獻金銀財寶所得到的福德，是有形的布施，固然可以得到所謂的福德，但他所得到的，並非福德的本性。只不過為了讓世人了解布施的意義，所以如來還是說：這個人可以得到很多的福德。」

佛陀接著說：「如果有人，受持此部經典，甚至為他人解說其中四句偈等，這個人所得到的福德，比前面所說『用三千大千世界的七種珍寶』來布施的人，還要更多。這是為什麼呢？須菩提！因為一切諸佛，及成佛的無上正等正覺菩提法，都是從這部經所衍生的。須菩提！一般人所稱的『佛法』，由於本性並非實有，所以才說它也不是佛法，因為本來就沒有所謂的『佛法』可言，只不過是佛為了讓眾生開悟，替它取名為『佛法』而已。」

●一相無相分第九

【經】「須菩提！於意云何？須陀洹能作是念：我得須陀洹果不？」須菩提言：「不也！世尊！何以故？須陀洹名為入流，而無所入，不入色聲香味觸法，是名須陀洹。」「須菩提！於意云何？斯陀含能作是念：我得斯陀含果不？」須菩提言：「不也！世尊！何以故？斯陀含名一往來，而實無往來，是名斯陀含。」「須菩提，於意云何？阿那含能作是念：我得阿那含果不？」須菩提言：「不也！世尊！何以故？阿那含名為不來，而實無不來，是故名阿那含。」「須菩提！於意云何？阿羅漢能作是念：我得阿羅漢道不？」須菩提言：「不也！世尊！何以故？實無有法，名阿羅漢。世尊！若阿羅漢作是念：我得阿羅漢道，即為著我、人、眾生、壽者。世尊！佛說我得無諍三昧，人中最為第一，是第一離欲阿羅漢。世尊！我不作是念：我是離欲阿羅漢。世尊！我若作是念：我得阿羅漢道，世尊則不說須菩提是樂阿蘭那行者。以須菩提實無所行，而名須菩提是樂阿蘭那行。」

【譯】「須菩提，你認為當一個人在修行『須陀洹』（註：「須陀洹」是佛教修行者入聖道，聲聞乘四果位之一。證得「須陀洹」的人，就不再投生三惡道，將從輪迴中解脫。）時，會有『我已經修得須陀洹』這樣的心念嗎？」

須菩提回答：「不會的。世尊！為什麼呢？雖然『須陀洹』的意思是『入聖流』，但實際上是無所從入，因為不落入色、聲、香、味、觸、法的執著，所以才稱為『須陀洹』。」

佛又說：「須菩提！你認為當人一個人在修行『斯陀含』（註：「斯陀含」是四果位之二）時，會有『我已經修得斯陀含』這樣的心念嗎？」

須菩提回答：「不會的。世尊！為什麼呢？『斯陀含』的境界，已到達極靜至深之處，沒有第二個生滅，心不執著於生滅，人間天上只一往來，實際上是無往來，所以才稱為『斯陀含』。」

佛又說：「須菩提！你認為當一個人在修行『阿那含』時，（註：「阿那含」是四果位之三）時，會有『我已經修得阿那含』這樣的心念嗎？」

須菩提回答：「不會的。世尊！為什麼呢？『阿那含』的境界，已到達心空無我，斷除塵識，徹底證空，雖然意思是『不來』，但心中已經沒有來或不來的分別，才稱為『阿那含』。」

佛又說：「須菩提！你認為當一個人在修行『阿羅漢』時，（註：「阿羅漢」是四果位之四，也是最高果位）時，會有『我已經修得阿羅漢』這樣的心念嗎？」

須菩提回答：「不會的。世尊！為什麼呢？『阿羅漢』的境界，已達涅槃。既沒有得道之念，也不會有得果之念，澈悟自我和法性皆空，沒有什麼法可以稱之為『阿羅漢』。如果還念著『我已經證得阿羅漢』，就著了人、我、眾生、壽者四相的分別待遇，就不能叫做『阿羅漢』。」

「世尊！您（佛）曾經這樣說，我已經證得無諍三昧，遠離一切著相、是非。在眾弟子中，讚許我為解空第一。是第一個脫盡人我欲念的阿羅漢。世尊！我確實沒有『已經證得阿羅漢』的想法。世尊！我若有『已經證得阿羅漢』的念頭，這就是妄心，那麼世尊您就不會說我是一個樂於『阿蘭那』（註：「阿蘭那」是指森林，引申的意義為「深山寂靜獨處」）的修行者，因為我須菩提原本就不存在執著於修行的念頭，心裡不生妄念，所以您才會說我是樂於『阿蘭那』的修行者。」

● 莊嚴淨土分第十

【經】佛告須菩提：「於意云何？如來昔在然燈佛所，於法有所得不？」「不也！世尊！如來在然燈佛所，於法實無所得。」「須菩提！於意云何？菩薩莊嚴佛土不？」「不也！世尊！何以故？莊嚴佛土者，即非莊嚴，是名莊嚴。」「是故須菩提！諸菩薩摩訶薩，應如是生清淨心，不應住色生心，不應住聲、香、味、觸、法生心，應無所住而生其心。須菩提！譬如有人，身如須彌山王，於意云何?是身為大不?」須菩提言:「甚大!世尊!何以故?佛說非身,是名大身。」

【譯】「須菩提!你怎麼看待這件事呢?你認為我之前在燃燈佛會面時,有從他那兒得到什麼成佛妙法嗎?」

須菩提回答:「沒有啊!世尊!您(如來)在燃燈佛前,是自修自悟,實際上並沒有從他那兒得到成佛的妙法。」

佛又說:「須菩提!你認為菩薩發心建構莊嚴佛土,是不是真的有佛土可莊嚴呢?」

須菩提回答:「不是。世尊!為什麼呢?因為您所說的『莊嚴』,不是世俗所形容的外觀莊嚴,唯有超越形相的莊嚴,才是真正的莊嚴,只不過假借『莊嚴』的名義,讓眾生意會明白而已。」

佛又說:「正因為如此,須菩提!所以諸菩薩、摩訶薩應該像這樣生起清淨心,不可執著在色聲香味觸法而產生任何意念。應該要無所執著,生起不被六塵所蒙蔽束縛的清淨菩提心。須菩提！譬如有一個人，他的身形大如須彌山王，你認為他的身形是不是真的很高大？」

須菩提回答：「非常高大。世尊！為什麼這麼說呢？儘管這個人身形再高大，也是有所生滅的；而您說的非相法身，不生不滅，無相無住，這樣的法身，才是真正的巨大啊，這裡只不過假借一個名稱詞彙，將它稱為『大身』而已。」

●無為福勝分第十一

【經】「須菩提！如恆河中所有沙數，如是沙等恆河，於意云何？是諸恆河沙，寧為多不？」須菩提言：「甚多！世尊！但諸恆河尚多無數，何況其沙！」「須菩提！我今實言告汝，若有善男子、善女人，以七寶滿爾所恆河沙數三千大千世界，以用布施，得福多不？」須菩提言：「甚多！世尊！」佛告須菩提：「若善男子、善女人於此經中，乃至受持四句偈等，為他人說，而此福德勝前福德。」

【譯】「須菩提！如果用恆河中所有的沙粒來計數作為比喻，以一顆沙粒，比喻一條恆河，難道你認為所有恆河內的所有沙粒還不算多嗎？」

須菩提回答：「非常多。世尊！以一顆沙粒，各代表一條恆河，光是恆河就有無數多，更何況是每一條恆河中的所有沙粒呢！」

佛又說：「須菩提，我實實在在告訴你，如果有善男信女，以一顆沙粒，當作一個世界，用充滿如恆河沙數那麼多的三千大千世界中的七種珍寶來布施，他所得的福德多不多？」

須菩提說：「當然很多。世尊！」

佛告訴須菩提：「若有善男信女，受持此經，甚至只是為人解說四句偈等，所得的福德，又比前面『用七種珍寶布施』的人所得到的福德，還要更多。」

●尊重正教分第十二

【經】「復次，須菩提！隨說是經，乃至四句偈等，當知此處，一切世間天、人、阿修羅皆應供養，如佛塔廟，何況有人盡能受持讀誦！須菩提！當知是人，成就最上第一希有之法。若是經典所在之處，即為有佛，若尊重弟子。」

【譯】「再進一步說，須菩提！如果有人無論何時何地，隨緣宣講解說這部經典，甚至只是其中的四句偈等，應當知道宣講此經的處所，所有世間的天、人、鬼神等，都應該前來護持，並且恭敬供養，如同塔廟一般。何況是有人能夠完全受持讀誦這部經典，當然是更值得尊敬。須菩提！你要知道這種人就是成就世界無上希有的第一妙法。這部般若經典所在的地方，就有佛在，並有佛陀的聖賢弟子隨侍同在，應當恭敬尊重。」

● 如法受持分第十三

【經】爾時，須菩提白佛言：「世尊！當何名此經？我等云何奉持？」佛告須菩提：「是經名為《金剛般若波羅蜜》，以是名字，汝當奉持。所以者何？須菩提！佛說般若波羅蜜，即非般若波羅蜜。是名般若波羅蜜。須菩提！於意云何？如來有所說法不？」須菩提白佛言：「世尊！如來無所說。」「須菩提！於意云何？三千大千世界，所有微塵，是為多不？」須菩提言：「甚多！世尊！」「須菩提！諸微塵，如來說非微塵，是名微塵。如來說世界，非世界，是名世界。須菩提，於意云何？可以三十二相見如來不？」「不也！世尊！不可以三十二相得見如來。何以故？如來說三十二相，即是非相，是名三十二相。」「須菩提！若有善男子、善女人，以恆河沙等身命布施。若復有人於此經中，乃至受持四句偈等，為他人說，其福甚多！」

【譯】這時候，須菩提向佛請示：「世尊！這部經典應該取什麼名稱呢？我們應該如何受持奉行此經呢？」

佛就告訴須菩提說：「這部經就取名為《金剛般若波羅蜜經》，你們應當依法奉持。為什麼呢？須菩提！我（佛）所說的『般若波羅蜜』，既是性空虛無，就不必執著於這個詞彙，隨緣對眾生解說即可，但為了便於弟子奉行，還是取名為《金剛般若波羅蜜經》。須菩提！你認為我（如來）對此有什麼特定或刻意說法嗎？」

須菩提稟告佛陀說：「世尊！既是自性自悟，連經名都只是一個方便的指稱，那就可以說師父（如來）您也沒特別刻意說些什麼。」

佛又說：「須菩提！你怎麼想呢？你認為三千大千世界裡，所有的微塵多不多呢？」

須菩提說：「甚多。世尊！」

佛又說：「須菩提！微塵雖多，但都沒有自性，只是隨著因緣起滅而有無。凡是因緣的，必然是性空的，所以說它也不是微塵，只不過假借這個名義，稱為『微塵』而已。同樣的道理，我（如來）說的三千大千世界雖大，都一樣是緣聚則形成，緣滅即消散，都是虛妄不實的，並非恆常不變，只不過假借這個名義，稱之為『世界』而已。須菩提！你認為可以從三十二種殊妙的相貌見到如來嗎？」

須菩提回答：「不可以啊。世尊！不可以由三十二種殊妙的相貌見到如來。為什麼呢？因為您所說的三十二種殊妙相貌，也是隨因緣起滅，是為度化眾生妄心所現示的假相，它根本沒真正的實相可得，也是假借這個名義，稱之為『三十二相』而已。」

佛又再提醒說：「須菩提！若有善男信女，以等同於恆河沙數的生命來布施給眾生，而另一種人，是以奉持此經，甚而只是為人講解四句偈，他所得到的福德，還比前面說『捨身布施』的人，所獲得的福德，還要多得更多。」

●離相寂滅分第十四

【經】爾時，須菩提聞說是經，深解義趣，涕淚悲泣，而白佛言：「希有世尊！佛說如是甚深經典，我從昔來所得慧眼，未曾得聞如是之經。世尊！若復有人得聞是經，信心清淨，即生實相，當知是人成就第一希有功德。世尊！是實相者，則是非相，是故如來說名實相。

「世尊！我今得聞如是經典，信解受持，不足為難。若當來世，後五百歲，其有眾生得聞是經，信解受持，是人即為第一希有！何以故？此人無我相、無人相、無眾生相、無壽者相。所以者何？我相即是非相，人相、眾生相、壽者相，即是非相。何以故？離一切諸相，則名諸佛。」

【譯】這時候，須菩提聽聞佛陀說到這裡，深深理解並領悟其中的義理與旨趣，感動流淚。他向佛陀稟報：「希有的世尊！您所解說的這部經典十分深奧，即使從前我證得阿羅漢果具有慧眼，也是前所未聞。世尊！如果有人聽聞此經，信心堅定而毫無塵念，並生起般若智慧的實相，就可知道此人非常難得，成就第一希有的功德。世尊！這般若實相，其實是諸法空相，並非有什麼固定實體的樣貌，所以只是假借一個名義，把它稱之為『實相』而已。

「世尊，這部經典，我聆聽到此，已經能夠了解它其中的奧妙法理，並信奉修持，應該不是太困難的事。倘若後世末法時代，最後的五百年，在那個時候，如果有眾生聽到此經，而能信奉理解，並接受修持，這個人非常難得，就是世上第一希有之人。這怎麼說呢？因為這個人已經頓悟真空的法理，必定沒有我、人、眾生、壽者等四相的分別。這是什麼原因呢？凡是執著於對自我的表面看法，就不會是真正對自我的了解。其他人、眾生、壽者也是一樣，所有的形象樣貌，並非真實恆久的，都是虛妄的假相。這又是為什麼呢？只要捨離對虛妄四相的執著，就可以稱之為『佛』。」

【經】佛告須菩提：「如是如是！若復有人得聞是經，不驚、不怖、不畏，當知是人，甚為希有！何以故？須菩提！如來說第一波羅蜜，即非第一波羅蜜，是名第一波羅蜜。須菩提！忍辱波羅蜜，如來說非忍辱波羅蜜，是名忍辱波羅蜜。何以故？須菩提！如我昔為歌利王割截身體，我於爾時無我相、無人相、無眾生相、無壽者相。何以故？我於往昔節節支解時，若有我相、人相、眾生相、壽者相，應生瞋恨。」

【譯】佛告訴須菩提：「對的，正是如此啊！如果後世有人，聽聞此經而以般若性空的智慧面對人生課題，能夠不驚駭、不恐怖、不畏懼，這種人實在是很稀少。為什麼呢？須菩提！這就是我（如來）所說的『第一波羅蜜』，此人的智慧已達到解脫之境了。不過修持的人，不要對解脫到達彼岸有所執著，這只不過為了要引導眾生修持，所特別給予一個名義，把它稱之為『第一波羅蜜』而已。須菩提！再說到『忍辱波羅蜜』，當受到侮辱的時候，可以淡然處之，不生氣、不委屈，這就是『忍辱波羅蜜』，但世間本性皆空，既然無辱可忍，渾然兩忘，就不用執著於忍辱，所以也可以說它並非『忍辱波羅蜜』，只是為了方便眾生修持，給予一個名義，叫做『忍辱波羅蜜』。

「為什麼這樣說呢？須菩提！就像我在前世，曾被歌利王支解身體，當時我就是以無我相、人相、眾生相、壽者相的心念面對，否則當在被支解時，我如果執著於四相，就一定會心生忿恨，必成苦果。」

【經】「須菩提！又念過去，於五百世作忍辱仙人，於爾所世，無我相、無人相、無眾生相、無壽者相。是故須菩提！菩薩應離一切相，發阿耨多羅三藐三菩提心。不應住色生心，不應住聲、香、味、觸、法生心，應生無所住心。若心有住，即為非住。是故佛說菩薩心不應住色布施。須菩提！菩薩為利益一切眾生故，應如是布施。如來說一切諸相，即是非相；又說一切眾生，即非眾生。」

【譯】「須菩提，我又回想起過去的前五百世，在修行『忍辱波羅蜜』的時候，心念上就已經捨離對我、人、眾生、壽者等四相的執著。所以說啊，須菩提！菩薩的修行應該捨離一切妄相，才能發起無上正等正覺的菩提心。心中不執著於色，不執著於聲、香、味、觸、法，生起無所執著的菩提心。如果心有所執著，就無法達到『心無所住』的境界。所以佛說的菩提心，就是要布施但不執著於外相。須菩提！菩薩為了所有的利益眾生，應該如此進行布施。如來所說一切形相，都是因緣聚合所產生的暫時妄相；又說這所有眾生，若能離開妄心而見到本性，也就不是眾生了。」

【經】「須菩提！如來是真語者，實語者，如語者，不誑語者，不異語者。須菩提！如來所得法，此法無實無虛。須菩提！若菩薩心住於法而行布施，如人入闇，即無所見。若菩薩心不住法而行布施，如人有目，日光明照，見種種色。須菩提！當來之世，若有善男子、善女人，能於此經受持讀誦，即為如來以佛智慧，悉知是人，悉見是人，皆得成就無量無邊功德。」

【譯】「須菩提！如來所說的法，都是真正的，實在的，表裡如一，沒有浮誇欺騙，也不會怪異偏激。須菩提！如來所證悟的法，是本性皆空而無實無虛。須菩提，如果菩薩一心執著於法而行布施，那就是未離四相，猶如走進暗室，一無所見。如果菩薩的心念，不執著於法相，而進行布施，就像一個人張開眼睛，在日光照射之下，可以洞察萬事萬物的種種現象。

「須菩提！未來後世，如果有善男信女，能對此經受持讀誦，就是如來以佛無礙的智慧，知道也見到此人，都能成就無量無邊的功德。」

●持經功德分第十五

【經】須菩提！若有善男子、善女人，初日分以恆河沙等身布施，中日分復以恆河沙等身布施，後日分亦以恆河沙等身布施，如是無量百千萬億劫以身布施。若復有人聞此經典，信心不逆，其福勝彼，何況書寫、受持、讀誦，為人解說！」

【譯】「須菩提，如果有善男信女，在一日之間，早晨、中午、晚上，都以像恆河沙不可細數般來做身命布施，經百千萬億劫之久，每天三次都如此不間斷地布施，會得到福德。如果有人，聽聞此經，篤定相信而不違逆，他所得到的福德，將勝過前面所說的那種『以身命布施』的人。更何況是書寫、奉行、讀誦、為別人解說經文，所得到的福德，無可限量。」

【經】「須菩提！以要言之，是經有不可思議、不可稱量無邊功德。如來為發大乘者說，為發最上乘者說。若有人能受持讀誦，廣為人說，如來悉知是人，悉見是人，皆得成就不可量、不可稱、無有邊不可思議功德。如是人等，即為荷擔如來阿耨多羅三藐三菩提。何以故？須菩提！若樂小法者，著我見、人見、眾生見、壽者見，即於此經不能聽受讀誦，為人解說。須菩提！在在處處，若有此經，一切世間天、人、阿修羅所應供養。當知此處即為是塔，皆應恭敬作禮圍繞，以諸華香而散其處。」

【譯】「須菩提！摘要重點來說，此經有心想不盡，口說不完，無法用秤去衡量，無邊無際的大功德。是如來為發最大乘、最上乘菩薩道心的眾生所說。如果有人能夠受持、讀誦，並廣為替人解說，如來會完全知道此人、見證此人，並成就不可丈量、不可稱重、無邊無際、不可思議的功德。這樣的人才能承擔如來『無上正等正覺』的大業。為什麼呢？須菩提，一般樂於小乘佛法的人，執著於我、人、眾生、壽者等個人見解，難以領會這部大乘經典無相無住的奧妙深義，就不能聽受讀誦，更不能為人解說。須菩提！無論是什麼人，在什麼地方，只要有這部經典所在，世間所有天、人、阿修羅都會一起來護衛供養法身。你要知道，此經所在的地方，即等於是佛塔所在，周圍都應該要恭敬行禮，並以芬芳的花朵，虔誠供奉。」

●能淨業障分第十六

【經】「復次，須菩提！善男子、善女人受持讀誦此經，若為人輕賤，是人先世罪業應墮惡道，以今世人輕賤故，先世罪業即為消滅，當得阿耨多羅三藐三菩提。

「須菩提！我念過去無量阿僧祇劫，於然燈佛前，得值八百四千萬億那由他諸佛，悉皆供養承事，無空過者。若復有人於後末世，能受持讀誦此經，所得功德，於我所供養諸佛功德，百分不及一，千萬億分，乃至算數譬喻所不能及。

「須菩提！若善男子、善女人於後末世，有受持讀誦此經，所得功德，我若具說者，或有人聞，心即狂亂，狐疑不信。須菩提！當知是經義不可思議，果報亦不可思議。」

【譯】「再進一步說，須菩提！善男信女受持讀誦此經，如果沒被恭敬對待，反而受到別人輕視嘲諷，此人前世罪孽深重，本來應該墮入三惡道受苦。但因現世遭人輕賤，才使宿業得以抵消滅除，可以證得無上正等正覺。

「須菩提！我回想過去，歷經的劫數無數無量。在未遇燃燈佛之前，曾遇到八百四千萬億，多到沒有辦法計算數量的佛，我全都非常尊敬地一一供養，沒有錯過。如果於末法後世，有人受持讀誦此經，這個人所得到的功德，和我以前供佛的功德比較起來，還勝過千萬億倍，是沒有辦法計算的數量。

「須菩提！如果有善男信女，於末法後世，受持讀誦此經，所得到的無量功德，假使我具體詳細說明，或許有人聽到之後，會心思紛亂，或抱持懷疑不敢盡信。須菩提！你當知道這部經的義理甚深，非常不可思議，獲得的果報，功德也是多到不可思議。」

● 究竟無我分第十七

【經】爾時，須菩提白佛言：「世尊！善男子、善女人發阿耨多羅三藐三菩提心，云何應住？云何降伏其心？」佛告須菩提：「善男子、善女人發阿耨多羅三藐三菩提心者，當生如是心：我應滅度一切眾生。滅度一切眾生已，而無有一眾生實滅度者。何以故？須菩提！若菩薩有我相、人相、眾生相、壽者相，即非菩薩。所以者何？須菩提！實無有法，發阿耨多羅三藐三菩提心者。須菩提！於意云何？如來於然燈佛所，有法得阿耨多羅三藐三菩提不？」「不也！世尊！如我解佛所說義，佛於然燈佛所，無有法得阿耨多羅三藐三菩提。」佛言：「如是如是！須菩提！實無有法，如來得阿耨多羅三藐三菩提。」

【譯】這時候，須菩提向佛陀稟告：「世尊，諸位善男信女，已經發起無上正等正覺的菩提心，要怎樣才能使菩提心安住不退轉呢？如果起了雜念，又該如何降伏妄心呢？」

佛告訴須菩提：「當善男信女已經發心要證得無上正等正覺，就應該生起這樣的心志：『我應該要發菩提清淨心，幫助眾生滅除所有煩惱，到達無生無滅的涅槃彼岸。但當所有眾生都已經滅度，卻不要認為有任何一個眾生是被我滅度的。』為什麼呢？須菩提，如果存在滅度眾生的心念，就表示還有我、人、眾生、壽者這四相的分別，那他就不能稱為菩薩。為什麼要這麼說呢？須菩提！實際上並沒有任何一種法，是為了要發心證得無上正等正覺。須菩提，你的意思呢？當年在燃燈佛那裡，有沒有一種法，可以證得無上正等正覺？」

須菩提回答：「沒有。世尊！以我對於佛陀說法的理解，您是在那裡了悟的諸法空相，但不是有一種法來證得無上正等正覺。」佛陀聽完須菩提的答覆，接著說：「是的。須菩提！正是誠如你所說的，實在並沒有一種法，可以證得無上正等正覺。」

【經】「須菩提！若有法如來得阿耨多羅三藐三菩提者，然燈佛即不與我授記：『汝於來世，當得作佛，號釋迦牟尼。』以實無有法得阿耨多羅三藐三菩提，是故然燈佛與我授記，作是言：『汝於來世，當得作佛，號釋迦牟尼。』何以故？如來者，即諸法如義。若有人言：如來得阿耨多羅三藐三菩提。須菩提！實無有法，佛得阿耨多羅三藐三菩提。須菩提！如來所得阿耨多羅三藐三菩提，於是中無實無虛，是故如來說一切法皆是佛法。須菩提！所言一切法者，即非一切法，是故名一切法。須菩提！譬如人身長大。」

須菩提言：「世尊！如來說人身長大，即為非大身，是名大身。」「須菩提！菩薩亦如是，若作是言：『我當滅度無量眾生，』即不名菩薩。何以故？須菩提！實無有法名為菩薩，是故佛說一切法，無我、無人、無眾生、無壽者。須菩提！若菩薩作是言：『我當莊嚴佛土，』是不名菩薩。何以故？如來說莊嚴佛土者，即非莊嚴，是名莊嚴。須菩提！若菩薩通達無我法者，如來說名真是菩薩。」

【譯】「須菩提！如果有成佛之法可以證得無上正等正覺，燃燈佛當下會傳授成佛之法，就不會為我授記，還懸記著說：『你來世應得成佛，並給名號為「釋迦牟尼」。』

「這是什麼緣故呢？所謂的『如來』，意思是一切諸法，本性寂然，而且絕對平等。如果有人說：如來已經證得無上正等正覺，須菩提！實在沒有方法可獲得這個菩提心。須菩提！如來所證得無上正等正覺，雖然是平等真如的實相妙法，但不可以有形見證，是無實無虛。所以我說的一切法，只要能自性自悟，領會性空，都可以稱之為佛法。但是，須菩提！佛法不拘泥於有無實虛，一般所指稱的一切法，也不盡然真正就是法的全貌，只是暫時取個假名借用而已，不要執著於它。

「須菩提！譬如有個人的身形高大，就真的是大身嗎？」

須菩提回答說：「您所說的『大身』，是有生有滅的，並不是真的就是大身。只不過假借一個名義，叫做，稱之為『大身』而已。」

佛又說：「須菩提！菩薩也是這樣的啊。如果執著於『我應該要滅度一切眾生』，就落入我相的觀念，不能稱之為『菩薩』。為什麼呢？因為實在沒有一個什麼法，得到後就可以成為菩薩的，因此我（佛）說，一切法中，沒有我相、人相、眾生相、壽者相的分別。須菩提！如果菩薩說：『我應當建構莊嚴佛土。』這也是著於外相，不可稱之為『菩薩』。為什麼呢？因為所謂『莊嚴佛土』，是沒有實質的風貌可言，只是假借一個名義，稱之為『莊嚴』，讓眾生可以了解而已。須菩提！如果菩薩能完全澈悟『諸法無我』的真理，如來就說他是真正的菩薩。」

● 一體同觀分第十八

【經】「須菩提！於意云何？如來有肉眼不？」「如是！世尊！如來有肉眼。」「須菩提！於意云何？如來有天眼不？」「如是！世尊！如來有天眼。」「須菩提！於意云何？如來有慧眼不？」「如是！世尊！如來有慧眼。」「須菩提！於意云何？如來有法眼不？」「如是！世尊！如來有法眼。」「須菩提！於意云何？如來有佛眼不？」「如是！世尊！如來有佛眼。」「須菩提！於意云何？如恆河中所有沙，佛說是沙不？」「如是！世尊！如來說是沙。」

「須菩提！於意云何？如一恆河中所有沙，有如是沙等恆河，是諸恆河所有沙數佛世界，如是寧為多不？」「甚多！世尊！」佛告須菩提：「爾所國土中，所有眾生若干種心，如來悉知。何以故？如來說諸心，皆為非心，是名為心。所以者何？須菩提！過去心不可得，現在心不可得，未來心不可得。」

【譯】佛陀問：「須菩提！你認為如來具有肉眼嗎？」

須菩提回答：「是的，世尊！您具有肉眼。」

佛陀問：「須菩提！你認為如來具有天眼嗎？」

須菩提回答：「是的，世尊！您具有天眼。」

佛陀問：「須菩提！你認為如來具有慧眼嗎？」

須菩提回答：「是的，世尊！您具有慧眼。」

「須菩提！你認為如來具有法眼嗎？」

須菩提回答：「是的，世尊！您具有法眼。」

佛陀問：「須菩提！你認為如來具有佛眼嗎？」

須菩提回答：「是的，世尊！您具有佛眼。」

佛陀又問說：「須菩提！你認為在恆河中所有的沙粒，我是不是說它是沙粒呢？」

須菩提回答：「是的，世尊！您說它是沙粒。」

佛說：「須菩提！如果一條恆河中所有的沙粒來說，其中的一顆沙粒，比喻作一條恆河，再以所有恆河中的所有沙粒，以一顆沙粒比喻作一個佛世界，你認為這樣的佛世界難道不多嗎？」

須菩提回答說：「非常多。世尊！」

佛告訴須菩提說：「就拿你所處的世界來說，所有眾生心思的種種念頭，我（如來）都能完全知悉了解。為什麼呢？因為所有這些心思，都是眾生的妄念，其實它並非本性常住的真心，只是假借一個名義，稱之為『心』罷了。所以會怎樣呢？須菩提，過去的心，不可滯留；現在的心，不可執著；未來的心，不可預測。」

● 法界通化分第十九

【經】「須菩提！於意云何？若有人滿三千大千世界七寶以用布施，是人以是因緣，得福多不？」「如是！世尊！此人以是因緣，得福甚多。」「須菩提！若福德有實，如來不說得福德多，以福德無故，如來說得福德多。」

【譯】「須菩提，你會怎麼想呢？如果有人把充滿三千大千世界的七種珍寶，拿來布施，你認為這個人因此而得到的福德多不多？」須菩提回答：「是的，世尊！這個人因此而得到的福德非常多。」佛陀接著說：「須菩提！如果是以得到實相的福德，來做布施，因為他的心執著於福報，這樣的福報會受制於因緣有限而盡，所以我（如來）不會說，他因此所得的福德多，如果以不執著於福德的心，來做無相布施的話，我（如來）會說，這種福德，才是真正的無限無量。」

●離色離相分第二十

【經】「須菩提！於意云何？佛可以具足色身見不？」「不也！世尊！如來不應以具足色身見。何以故？如來說具足色身，即非具足色身，是名具足色身。」「須菩提！於意云何？如來可以具足諸相見不？」「不也！世尊！如來不應以具足諸相見。何以故？如來說諸相具足，即非具足，是名諸相具足。」

【譯】「須菩提！你認為，佛陀可以用圓滿莊嚴的色身來觀看嗎？」須菩提回答：「不可以。世尊！如來不可以用圓滿莊嚴的色身來觀看。為什麼呢？因為您（如來）所說的圓滿莊嚴色身，雖然有三十二種殊妙身相，神通變化，但仍是由因緣聚合而成的幻相，緣盡就會消失，並不是真實恆常的存在，只是假借一個名義，稱之為『圓滿莊嚴的色身』而已。」

佛又說：「須菩提！你認為可以用圓滿莊嚴的各種色身見到如來嗎？」

須菩提回答：「不可以。世尊！不可以用圓滿莊嚴的各種色身見到您（如來）。為什麼呢？因為您（如來）所說圓滿莊嚴的各種色身，是為了度化眾生才顯示的，也是會隨著因緣起滅而無自性的，只是假借一個名義，稱之為是『圓滿諸相』而已。」

●非說所說分第二十一

【經】「須菩提！汝勿謂如來作是念：『我當有所說法。』莫作是念。何以故？若人言：如來有所說法，即為謗佛，不能解我所說故。須菩提！說法者，無法可說，是名說法。」爾時，慧命須菩提白佛言：「世尊！頗有眾生於未來世聞說是法，生信心不？」佛言：「須菩提！彼非眾生，非不眾生。何以故？須菩提！眾生眾生者，如來說非眾生，是名眾生。」

【譯】「須菩提！你不要以為我（如來）會有『我當為眾生說法』這樣的念頭。為什麼呢？如果有人說『如來有所說法』。這麼說就是誹謗佛，是他拘泥於表面的文字，不能了解我所說的義理，才會這麼說。須菩提！所謂的『說法』，並非口說言談就能講得清楚明白，性空奧妙的義理是無法可說的，只不過為了引導眾生解除妄念、了悟真性，才隨緣度化，隨機講說，於是假藉一個名義，稱之為

『說法』，以便幫助大家了解、體會而已。

這時候，深具智慧的須菩提向佛陀提問：「世尊！未來後世的眾生，聽到您提到這個無法之法，無說之說，真的能完全了解而生起堅實的信心嗎？」

佛陀回答：「須菩提！眾生本來就各具佛性，所以他們並非眾生，但他們尚未解脫於妄念幻相，所以也不能說不是眾生。為什麼呢？須菩提！因為眾生之所以是眾生，只是尚未了悟，若能了悟，眾生即佛。如來說不是眾生，也不過就是先假借一個名義，稱之為『眾生』而已。」

● 無法可得分第二十二

【經】須菩提白佛言：「世尊！佛得阿耨多羅三藐三菩提，為無所得耶？」佛言：「如是如是！須菩提！我於阿耨多羅三藐三菩提，乃至無有少法可得，是名阿耨多羅三藐三菩提。」

【譯】須菩提向如來佛稟問：「世尊！您證得無上正等正覺菩提心，真是得無所得嗎？」

佛回答說：「是的，正如你所說！須菩提！無論是菩提正法，甚或絲毫一點法，我都毫無所得。因為正法是自性自悟的，並非可以獲取的實體，只是假借一個名義，稱之為『無上正等正覺』而已。」

●淨心行善分第二十三

【經】「復次，須菩提！是法平等，無有高下，是名阿耨多羅三藐三菩提。以無我、無人、無眾生、無壽者，修一切善法，即得阿耨多羅三藐三菩提。須菩提！所言善法者，如來說即非善法，是名善法。」

【譯】「再進一步說，須菩提！此法是人人皆具足，世世都相同，平等而不分高下，這就是『無上正等正覺』。只要以無我、無人、無眾生、無壽者等破除四相的心念，來修持明心見性的一切善法，就可以證得『無上正等正覺』。須菩提！所謂的『善法』，事實上並不存在，只因為了讓眾生開悟，才假借一個名義，稱之為『善法』而已。」

●福智無比分第二十四

【經】「須菩提！若三千大千世界中，所有諸須彌山王如是等七寶聚，有人持用布施。若人以此般若波羅蜜經，乃至四句偈等受持讀誦，為他人說，於前福德，百分不及一，百千萬億分，乃至算數譬喻所不能及。」

【譯】「須菩提！如果以相當於三千大千世界中，所有須彌山堆聚而成的七種珍寶來布施，而如果另外有人以受持這部《金剛般若波羅蜜經》，甚至是只用其中的四句偈等來為人講解，那麼前者以七種珍寶布施所得的福德，是比不上後者所得福德的百千萬億分之一，而且是不能用算數的譬喻所能計算清楚的。」

● 化無所化分第二十五

【經】「須菩提！於意云何？汝等勿謂如來作是念：『我當度眾生。』須菩提！莫作是念。何以故？實無有眾生如來度者。若有眾生如來度者，如來即有我、人、眾生、壽者。須菩提！如來說有我者，即非有我，而凡夫之人以為有我。須菩提！凡夫者，如來說即非凡夫是名凡夫。」

【譯】「須菩提！你覺得呢？你們所有弟子，不要以為我（如來）會有『我當度化眾生』這樣的想法。須菩提！不要有這種念頭。為什麼呢？因為眾生的般若智慧，原本各自具足。實在沒有眾生是被我（如來）所度化的。如果說有眾生是由我所度化的，那麼我就有我相、人相、眾生相、壽者相等分別。須菩提！我（如來）雖口稱有我，實際上卻不是有我個人的執見。而一般凡人，就會執著有我。須菩提！事實上，執著就成為凡人，覺悟就會成佛。佛與凡人，本性是相同的；只要能有所覺悟，如來就認為他不是『凡人』；只不過在他們尚未悟道時，稱之為『凡人』而已。」

● 法身非相分第二十六

【經】「須菩提！於意云何？可以三十二相觀如來不？」須菩提言：「如是如是！以三十二相觀如來。」佛言：「須菩提！若以三十二相觀如來者，轉輪聖王即是如來。」須菩提白佛言：「世尊！如我解佛所說義，不應以三十二相觀如來。」爾時，世尊而說偈言：

「若以色見我，以音聲求我，

是人行邪道，不能見如來。」

【譯】「須菩提！你認為如何？可以用三十二種殊妙身相，證見如來嗎？」

須菩提回答說：「是的！可以用三十二種殊妙身相，證見如來。」

佛陀從須菩提的回答中，發現須菩提尚未明白其中的深義，於是說：「須菩提！如果可以用三十二種殊妙身相，證見如來，那麼轉輪聖王因為福業深厚重，也具有三十二相色身，他豈不就可以成為如來了嗎？」

須菩提向佛陀稟告：「世尊！根據我已經了解您所說的義理，不可以用三十二種殊妙身相，證見如來。」

此時，如來以偈言傳道：

「如果有人只以形色外表見我，或只以聲音求我，這個人就是執著於色身四相，等於是捨去正途，走了外道，絕對無法證見如來真實的法相。」

●無斷無滅分第二十七

【經】「須菩提！汝若作是念：『如來不以具足相故，得阿耨多羅三藐三菩提。』須菩提！莫作是念：『如來不以具足相故，得阿耨多羅三藐三菩提。』須菩提！汝若作是念：『發阿耨多羅三藐三菩提心者，說諸法斷滅。』莫作是念，何以故？發阿耨多羅三藐三菩提心者，於法不說斷滅相。」

【譯】「須菩提！你如果是這樣想：『如來是因為不以具足三十二種殊妙身相的緣故，才證得無上正等正覺。』須菩提！你千萬不可有這種想法：『以為我是因為不以具足三十二種殊妙身相的緣故，才證得無上正等正覺。』

「須菩提！你如果這樣想：『發起「無上正等正覺」，是為了想證得無上菩提，就會執著於要捨棄斷滅一切既存的現象。』你不要有這種觀念。為什麼呢？因為發起『無上正等正覺』，不會全然否定而刻意斷滅一切現象。」

●不受不貪分第二十八

【經】「須菩提！若菩薩以滿恆河沙等世界七寶持用布施，若復有人知一切法無我，得成於忍，此菩薩勝前菩薩所得功德。何以故？須菩提！以諸菩薩不受福德故。」須菩提白佛言：「世尊！云何菩薩不受福德？」「須菩提！菩薩所作福德，不應貪著，是故說不受福德。」

【譯】「須菩提！如果菩薩用充滿恆河沙數等，世界上無邊無際的所有七種珍寶來布施，如果另又有人，已經透徹一切法都無自性，把心安放在『無我』、『不生不滅』的義理之上，證得『無生法忍』，那麼後面提到的這位菩薩，他所得到的福德，就要勝過前面的菩薩多得多了。為什麼呢？須菩提！因為這些菩薩不執著於是否有福德。」

須菩提問說：「世尊！為什麼菩薩不領受福報功德呢？」

佛回答：「須菩提！菩薩度化眾生，施行布施，是做他本來就應該做的事，不是貪求福德才行布施，不執著於福德是有或沒有，順其自然，所以才說菩薩不受福德。」

●威儀寂靜分第二十九

【經】「須菩提！若有人言：『如來若來若去，若坐若臥，是人不解我所說義。』何以故？如來者，無所從來，亦無所去，故名如來。」

【譯】「須菩提！如果有人說『如來是有來、有去、有坐、有臥等威儀，這個人就不了解我所說的義理。』為什麼呢？因為所謂的『如來』，本性自如，充滿法界，隨感而發，沒有所謂『來』，也沒有所謂『去』。就因為無去無來，所以稱之為『如來』。」

● 一合理相分第三十

【經】「須菩提！若善男子、善女人以三千大千世界碎為微塵，於意云何？是微塵眾寧為多不？」須菩提言：「甚多！世尊！何以故？若是微塵眾實有者，佛即不說是微塵眾。所以者何？佛說微塵眾，即非微塵眾，是名微塵眾。世尊！如來所說三千大千世界，即非世界，是名世界。何以故？若世界實有者，即是一合相。如來說一合相，即非一合相，是名一合相。」「須菩提！一合相者，即是不可說，但凡夫之人，貪著其事。」

【譯】「須菩提！如果有善男信女，將三千大千世界，都搗碎成為粉碎的微塵，你有什麼看法？你認為這些微塵多不多呢？」

須菩提回答：「非常多。世尊！為什麼呢？如果這些微塵，都是真實存在而有實體的，佛陀就不會稱它們為『微塵眾』了。這是什麼緣故呢？因為佛所說的『微塵眾』，緣起是無自性的，並非真實的，所以並不是『微塵眾』，只是假借一個名義，稱之為『微塵眾』而已。世尊！如來所指稱的『三千大千世界』，是因為一時緣起而形成的現象，並非真實恆久不變的常態，只是假借一個名詞，把它稱之為『世界』而已。

為什麼呢？如果世界是真實存在的，也只是一種聚合的形相。如來說的『一合相』並非實際恆常存在，只是假借一個名義，稱之為『一合相』而已。」佛說：「須菩提！所謂『一時聚合的形相』，這個道理微妙而不可言喻。但凡夫俗子卻偏偏貪執於要有一個真實聚合的形相。」

●知見不生分第三十一

【經】「須菩提！若人言：『佛說我見、人見、眾生見、壽者見。』須菩提！於意云何?是人解我所說義不？」「不也，世尊!是人不解如來所說義。何以故？

世尊說我見、人見、眾生見、壽者見，即非我見、人見、眾生見、壽者見，是名我見、人見、眾生見、壽者見。」「須菩提！發阿耨多羅三藐三菩提心者，於一切法應如是知，如是見，如是信解，不生法相。須菩提！所言法相者，如來說即非法相，是名法相。」

【譯】「須菩提！如果有人說：『佛陀講過自我相狀、他人相狀、眾生相狀、壽者相狀，都是真實可見的。』這種言論。須菩提！你認為如何呢？這個人是否透徹佛所說的佛法義理？」

須菩提回答：「沒有，世尊！這個人並不了解佛所說的義理。為什麼呢？因為您所說的這四見，並不是真實存在的相狀，只是為了方便於讓眾生了解，而假借一個名義，稱之為『我見、人見、眾生見、壽者見』而已。」

佛說：「須菩提！凡是發『無上正等正覺菩提心』的人，對於一切萬法，應當這樣去認知、去觀察、去信奉理解，而且心中不生起任何法相。須菩提！所謂的

『法相』，並非真實存在，它的本性是虛空，只是假借一個名義，稱之為『法相』而已。」

●應化非真分第三十二

【經】「須菩提！若有人以滿無量阿僧祇世界七寶，持用布施。若有善男子、善女人發菩提心者，持於此經，乃至四句偈等，受持讀誦，為人演說，其福勝彼。云何為人演說？不取於相，如如不動。何以故？

一切有為法，如夢幻泡影，
如露亦如電，應作如是觀。」

佛說是經已，長老須菩提，及諸比丘、比丘尼、優婆塞、優婆夷、一切世間天、人、阿修羅，聞佛所說，皆大歡喜，信受奉行。

【譯】「須菩提！如果有人以充滿無窮世界的七種珍寶，來進行布施；又如果另有善男信女，發了無上正等正覺的菩提心，受持讀誦這部經典，甚至只是以其中的四句偈等，為人解說，那麼此人因此所得的福德，又勝過前面『以七種珍寶布施的人』更多。那麼要如何為別人宣講演說呢？必須要不執著於一切事物的表相，不會輕易為外境變化而擾動心思。為什麼呢？因為世間所有因緣和合的一切，是緣聚而生，緣散即滅，就好比是夢、幻、泡、影，像露珠、閃電，只要能夠這樣觀看，如此思考，就知道一切都是短暫的假相，並非真實恆久。」

佛對此經講解完畢。長老須菩提，與同時在法會聽經的諸位比丘、比丘尼、優婆塞、優婆夷，及一切世間天人、阿修羅等，聽完佛所說的般若大法，無不充滿歡喜感化之心，篤信接受，遵從實踐。

＊此白話譯文版本係由本書作者累積多年研究學習經驗，並參考彙整多位大師與專家見解而編寫完成，如有任何疑義，懇請惠賜指正。

《金剛經》的四句偈

《金剛經》經文中，六次提到「四句偈」，而且強調讀誦宣講「四句偈」，可以獲得深厚的福德，但並未特別指明是哪四句。經由學者推敲，「偈」是印度常見的文體，多以讚美或表揚為內容，通常以四句呈現，若以廣義來說，《金剛經》整部經文都可以是四句偈，不過目前《金剛經》流通最廣的「四句偈」，是以下幾句：

- 一切有為法，如夢幻泡影，如露亦如電，應作如是觀。
- 無我相、人相、眾生相、壽者相。
- 如來所說法，皆不可取，不可說，非法非非法。
- 若以色見我，以音聲求我，是人行邪道，不能見如來。

接著，就一起來練習抄寫吧！

● 一切有為法，如夢幻泡影，如露亦如電，應作如是觀。

一切有為法如夢幻泡影如露亦如
電應作如是觀

●無我相、人相、眾生相、壽者相。

無我相人相眾生相壽者相

● 如來所說法，皆不可取，不可說，非法非非法。

如來所說法皆不可取不可說非法
非非法

● 若以色見我，以音聲求我，是人行邪道，不能見如來。

若以色見我以音聲求我是人行邪
道不能見如來

修持《金剛經》常見的七個問題

1. 現今流傳的《金剛經》是怎麼來的？

目前流傳最廣的《金剛經》譯本，正式的全名是：《金剛般若波羅蜜經》，由鳩摩羅什所譯（大約西元四〇二年），也是本書採用的版本。《金剛經》經文出自《大般若經》，是大乘佛教的重要經典之一。「金剛」指的是佛法堅韌無比的智慧；「般若波羅蜜」則是指通達無上正覺，而且沒有煩惱的彼岸，達到解脫和涅槃的境界。

此經的源起，是由號稱「解空第一」的須菩提長老向佛陀請法，從「如何發阿耨多羅三藐三菩提心，云應何住？云何降伏其心？」提問，佛陀再予以詳細解說。從「無我相、無人相、無眾生相、無壽者相」的觀念開始，強調一切現象都因緣幻化無常，並非恆久不變；一直到最末章節的四句偈「一切有為法，如夢幻泡影，如露亦如電，應作如是觀。」總結，讓讀誦者認識：「無相」，就是「實相」；「無我」才是「真我」！至此終於獲得真正的解脫。

2.《金剛經》的段落是如何劃分的？

相傳《金剛經》一開始並無明顯段落，而且在不同的版本和注釋中可能略有不同，但通常劃分為三十二節，稱為「分」或「品」。相傳現行流通《金剛經》的段落，是由中國南朝的昭明太子所為，他還幫各段落下了標題，因為並非原典所有，讀誦時毋須把標題唸出。

有人認為：讓《金剛經》一氣呵成即可，不必分段落；但也有人認為：劃分段落，並加上標題，有助於理解與記憶。以上不同見解，可以各取所需。

3.如何修習《金剛經》？

建議可以從讀誦、抄寫、理解經文內容開始修習《金剛經》。先把《捨得自己——金剛經的日常實踐》這本書瀏覽一遍，並對照書中所附的原典與翻譯，逐步深入理解並體會的「空性」觀念。之後可以在實際生活中，應用經文教導的義理，試著從布施開始練習。

4. 為什麼現代人要學習《金剛經》？

在積極倡議「做自己」「愛自己」的世代，鼓勵多元價值的發展，卻讓人更茫然，不知如何做出取捨，想要追求快樂，卻更不快樂。此刻《金剛經》的教導，提供符合所需的解藥，幫助人們破除對於自我和他人的執著，超越物質的追求，向內培養心靈的平靜，找回自信與智慧。

5. 讀誦《金剛經》，需要花多長的時間？

每個人的讀誦節奏與熟悉程度不同，通常大約是三十分鐘到一個小時。

6.讀誦《金剛經》，有時間、地點的限制嗎？

沒有任何限制！只要保持正向的心態，不論什麼時間、地點都可以讀誦《金剛經》。但最好能夠在環境乾淨、空間安靜、態度恭敬的情境中讀誦。

7.讀誦《金剛經》之後，如何迴向？

初期建議是從自己的祈願開始，再依次述及你想要祝福的人或眾生。你的「願力」愈強大；迴向的功德就愈有力量。如果還不知道怎麼講比較清楚，可以先採行通用的版本：「願以此功德，普及於一切，我等與眾生，皆共成佛道。」

除了祈願，你也可以用誦經來懺悔自己：「往昔所造諸惡業，皆由無始貪瞋癡，從身語意之所生，一切我今皆懺悔。」藉此開啟智慧，修習菩提心。

◉ 參考書目・延伸閱讀

《金剛經導讀》于曉非著（華夏出版）

《金剛經說甚麼》南懷瑾著（老古文化）

《成就的秘訣：金剛經》星雲大師著（有鹿文化、香海文化）

《能斷：金剛經給你強大》索達吉堪布著（如果出版社）

《圖解金剛經》張宏實著（橡實文化）

《福慧自在：金剛經講記與金剛經生活》聖嚴法師著（法鼓文化）

《金剛經・心經》賴永海主編、陳秋平譯註（聯經出版）

書目依據作者姓氏筆畫排列

國家圖書館出版品預行編目（CIP）資料

捨得自己：金剛經的日常實踐 / 吳若權著 . -- 第一版 .
-- 臺北市：遠見天下文化出版股份有限公司，2024.11
296 面；14.8×21 公分 .--（心理勵志；493）
ISBN 978-626-355-955-4（平裝）

1.CST: 修身

192.1　　113014099

心理勵志 493

捨得自己：金剛經的日常實踐

吳若權 —— 著

副社長兼總編輯 —— 吳佩穎
社文線副總編輯 —— 郭昕詠
責任編輯 —— 郭昕詠
校對 —— 陳佩伶
封面及內頁設計 —— 陳文德
排版 —— 簡單瑛設

出版者 —— 遠見天下文化出版股份有限公司
創辦人 —— 高希均、王力行
遠見・天下文化・事業群榮譽董事長 —— 高希均
遠見・天下文化・事業群董事長 —— 王力行
天下文化社長 —— 王力行
天下文化總經理 —— 鄧瑋羚
國際事務開發部兼版權中心總監 —— 潘欣
法律顧問 —— 理律法律事務所陳長文律師
著作權顧問 —— 魏啟翔律師
地址 —— 台北市 104 松江路 93 巷 1 號 2 樓

讀者服務專線 —— (02) 2662-0012 ｜傳真 —— (02) 2662-0007；(02) 2662-0009
電子郵件信箱 —— cwpc@cwgv.com.tw
直接郵撥帳號 —— 1326703-6 號 遠見天下文化出版股份有限公司

製版廠 —— 中原造像股份有限公司
印刷廠 —— 中原造像股份有限公司
裝訂廠 —— 中原造像股份有限公司
登記證 —— 局版台業字第 2517 號
總經銷 —— 大和書報圖書股份有限公司｜電話／ (02) 8990-2588
出版日期 —— 2024 年 11 月 11 日第一版第 1 次印行
2025 年 10 月 15 日第一版第 10 次印行

定價 —— NT 420 元
ISBN —— 9786263559554
書號 —— BBP493
天下文化官網 —— bookzone.cwgv.com.tw

天下文化
BELIEVE IN READING